JN012957

死ぬのは怖くありません

45年間スピリチュアルケアを実践してきたお坊さんの結論

大下大圓

Daien Oshita

PHP

プロローグ

あなたはこれまで自分の死について考えたことはありますか？
あるいは死ぬことに恐怖を覚えたことはありませんでしたか？

私は二度あります。
それは、幼児期に「砂漠で私が何度も死ぬ夢」を見たときと、
二度目は、二十歳のときに「腫瘍《しゅよう》宣告を受け手術をした」ときです。
そのとき、「死ぬこと」を強烈に意識して、とても怖かった記憶があります。

誰でも、一度くらいは死を意識したり、恐怖に感じたことはありますよね。

実は、私は小さいときに、死ぬのが怖くて、とっても悩んだ経験があります。
じっとしていても、死が頭から離れず、ぐるぐると頭の中を巡っていました。

来る日も来る日も死が、頭から離れず、そのことでずいぶん思い悩んでいた少年時代でした。

そして僧侶になるために飛驒《ひだ》千光寺《せんこうじ》の門をくぐり、高野山で修行しました。

今は、まったく死ぬことは怖くはありません。

死を意識した二度の体験や、その後の学習を通じて、「死」とは何かがわかったからです。

また死を目前にしたがん末期の人たちとの対話も、大きな力になりました。

私は彼らに、**「人は死を通じて、成長し続ける」**ことを教えてもらいました。

「死ぬことにも意味がある」と知ることができたのです。

死を想ったり、洞察することを「メメント・モリ」（ラテン語）といいます。

古来より日本では日常で「死」を語ることは、忌み嫌われてきました。

しかし死は決して、遠ざけられるものではありません。

この世に生まれたあなたは一〇〇％の確率で死にます。

一〇〇％避けられないのであれば、その死をじっくりとみつめてみませんか。

生死に関するこのような課題や考え方を、一般に「**死生観**」といいます。

アジアや仏教では、「生《しょう》死《じ》観《かん》」といって、一元論的に「**生死一如**」という考え方があります。

これまで世界では、いろいろな死に関する研究が行なわれてきました。

近年は生まれ変わりや、過去世記憶も医科学的に検討されています。

この本は、現代人に最後の命題といわれている「**自己のいのちのゆくえ**」について、あなたと一緒に考えていくものです。

あなたにとって、きっと必要な答えが見つかると思います。

さあこれから、あなた自身の「いのちの扉」を開いていきましょう。

大下　大圓

死ぬのは怖くありません——目次

第一章　死の恐怖はどこから

第二章

死を想え~死生観とは

第三章 日本の死生観

第四章

賢人たちの死生観

第五章

スピリチュアルケアとは何か

第一章

死の恐怖はどこから

《私の大失敗》

私には、他者の死にまつわる、とてもつらい失敗の経験があります。

今から五十年前の高野山の修行時代のことです。私は師僧の塔頭《たっちゅう》寺院で小僧として住み込み修行をしながら、大学で仏教を学んでいました。

あるとき、中年の男性が修行している寺に飛び込んできました。庭先では話しきれないようだったので、長い話を予想して、宿坊の小部屋へ案内しました。

その男性は、

「私は○○市で鉄工所をやっていましたが、事業経営に失敗して、負債が大きくなり、借金取りに追われ、以前にお参りして泊まったことのあるこのお寺まで逃げてきたのです。どうしていいかわからないし、もう死ぬしかないのです」

苦しい表情で語られる男性は、服装もよれよれになって、顔色も悪く、見るからに本当に困った様子がひしひしと伝わってきました。

私はそのとき、なんとか助けたいという思いで、少しでも気持ちの解決につながればと、

「仏教の教えには……」

「悩みは、仏さまにすがって……」

「一所懸命祈ることで……」

と一方的に説教しました。

やがてその人は、言葉少なに、

「そうですか、ありがとうございました」

と言って、肩を落としたまま、門を出て行きました。

その人のうなだれた後ろ姿に、一抹の不安を感じながらも……

私は、

「僧侶として、その人に説教して、よいことをしたのだ」

そう思っていました。

しばらくして、その方が自殺したことを、その方の親戚から知らされることとなりました。

私は愕然《がくぜん》としました。

目の前の苦しむ人に「悩みを聞いていい話をした」と思っていたことは、まったくの見当違いで、しかも間違ったことだった。

私の関わり方は大失敗だったのです。

目の前の苦しむ人の心を知ろうとしないで、私は「説教という鞭《むち》」を打ったのでした。悩みを抱えて、藁《わら》をもつかむ気持ちで、高野山へ来た人を無下《むげ》にしてしまった私でした。

決して私だけが原因で、その方が自殺したわけではないと知りながらも、その人の本当の苦しみをちゃんと受け止めることができなかった愚かな自分を、情けなく思いました。

この厳しく苦い経験は、その後の私の生き方を変えてくれました。

私は**「説教する僧侶から、傾聴する僧侶へ」**と変わろうと志し、さまざまな学びと訓練と、実践活動を経て、早や五十年経ちました。

たくさんの苦しむ人の声に耳を傾けつつ、その中で一緒に生きる意味を考えてきました。

私は、まだまだ未熟者です、いまだに修行の坂道を登っています。

でも、こんな私でも何かできることがあるかもしれません。

この本はその意味で、私の活動の集大成としてのメッセージです。

そして、死を恐れる人も、死が怖くない人も、私と一緒に考えてみませんか。

どんな人生であっても、人として生きる意味のあることを。

《私の前世の記憶》

「死はコワイもの」という認識から離れられなかった、私の体験をお話ししましょう。

実は「プロローグ」にも書いたように、私は子どもの頃、死ぬことがとても怖かったのです。

その理由は、幼児期の「夢の体験」にあります。

もの心がついた頃に、同じ夢を毎夜見るのです。それはとても怖い夢でした。

夢の中で私は、大人になっていました。見知らぬ砂漠が広がり、私はそこを一人で歩いているのです。

そして私は、その砂漠でバッタリと行き倒れます。繰り返し夢に見るのは、その行き倒れる場面ばかり。つまり、自分が死ぬ場面を何度も見るのです。

砂漠での私は、背にたくさんの経本を負っていました。

私の育った飛騨には砂漠などありませんし、その当時はまだテレビもなかったので、砂漠というものを映像で見た経験などありません。にもかかわらず、私の夢はいつも「砂漠での死」なのです。この夢が子どもだった私に、

「死ぬときは苦しい！」

「死ぬってどういうことなんだろう？」

「人が生きるってなんなんだろう？」

という疑問を抱かせるきっかけとなりました。

この不思議な経験（夢）が、その後の生き方に影響を与えました。

私の母は、二人の幼子を亡くしています。つまり私の姉と兄になります。

「生まれおちたばかりの頃、風邪を引かせてしまって、そのせいで病気になり、死んでしまった」と母は罪悪感を持ちながら私を育てました。

幼子の私は、母親が亡くした子どものために、仏壇でお経をあげている背中にいました。

私にとって、母のお経が子守唄だったのです。

そんな幼児体験が、十二歳のときに仏弟子として飛驒千光寺で出家、入門修行する伏線だったのかと思っています。

砂漠で死ぬ、インドから中国へ経典を持ち帰る僧侶の姿は、過去世の私だったと理解したのは、ずっとあとになってからでした。

《腫瘍の手術で味わった不思議な経験》

私は、高野山の宿坊寺院で学問と修行に明け暮れていた二十歳のときに大病をしました。

大阪万国博覧会の五年後くらいのときです。毎日のあまりにも苦しい修行や、師僧から厳しい指導を受けていたことから来るストレスで、発症した病は徐々に悪化し、やがて首に腫瘍ができたのです。甲状腺《こうじょうせん》のあたりに硬くコブのような塊《かたまり》ができて、だんだんと大きくなっていったのです。

当時はまだ今のようにＣＴやＭＲＩなどの精密医療器械はなく、故郷の高山市に帰って入院した総合病院のレントゲン検査で判明しました。

担当の外科医は、「外からでは良性か悪性かわかりませんので、とりあえず手術をしましょう」と、私の不安な思いに気を留めることはなく、持論の治療方針を両親に話して、すぐに切開手術することが決定しました。

今のような「インフォームドコンセント」（説明と同意）などはまったくなされず、どんどん手術の日が迫ってきました。

手術当日、オペ室へ入る少し前に、看護師から自室で軽い精神安定剤を飲むように促され、待機していました。そして看護師の用意した車イスで手術室へ移動。手順よく手術台に乗せられて、いろいろチューブなどが体中に付けられました。慣れたスタッフの行動は、まさに流れ作業です。

「これから足のほうから麻酔をかけますが、目が覚めたときは、自室のベッドですからね。ご安心ください」と担当麻酔科医が説明しました。

「ひとーつ、ふたーつ、みーっ……」。確か「七つ」まで数えたような気がしますが、あとはわからなくなって深い眠りに入っていました。

カチャカチャ、カチャカチャ……。

「もう手術は終わったのかな？……それにしては、何か器械の音がするな……」などとモウロウとしていると、麻酔科医らしき人が、

「あっ、麻酔が切れたみたい。再度かけます」と言って、吸入麻酔の量をいっぺんに増やしたようでした。

その瞬間、私は肉体を飛び出して「幽体離脱」したような感覚に襲われました。

あくまでもそのときの感覚なので、なんとも言えないですが、「真っ暗な世界」へ飛び込んでしまったのです。何も音がしない、静かな暗闇でした。私は暗闇の中で不安になり、手足をバタバタさせて、泳ぐようなしぐさでもがいていました。

「わあ〜、どこへ行くのだろう」と。

しばらく闇の中でいると、暗闇のはるか向こうに、一点の光が見えました。

私はその光の方向へ泳いで行きました。なんと、泳ぐように手足を動かすと、そちらへ向かって行けるのです。

近づくほどに、その光はだんだん大きくなっていきました。まさに暗闇のトンネルの向こうに光が見えてきたのです。

そしてそのトンネルを抜けると「バァーン」という衝撃音が聞こえ、気がつくと私はその光の中に飛び込んでいました。

その瞬間、それまで抱えていた「死の恐怖心」がまったく無くなって、おだやかな心境になっていることに気づきました。

光に満たされたあたたかな幸福感に包まれたのです。

やがて麻酔から目が覚め、私はしばらく天井をぼんやりと見つめていました。

すると「手術は成功しましたよ、ゆっくり休んでください」と聞き慣れた病棟の看護師の声が聞こえてきました。

私は「ああこれは自分のベッドなんだ、それにしてもあの光は何だったのか、夢か？」と自問しました。

この**「光に遭遇することで、死の不安が無くなる」**という体験は、私の生き方を変える大きな出来事になりました。この体験を通じて、私は「死とは何だろうか」「死後の世界はあるかもしれない」と思うようになったのです。

そして、この光の体験が、その後の千光寺での「死生観・スピリチュアルケア研修」「四十九日体験ワークショップ」のヒントになっています。

《なぜ死ぬのが怖い？》

「死ぬのが怖いです」と訴えられる方は少なくありません。

特に、病気などで回復不能と知ったときに、あらためて自分の目の前の忽然《こつぜん》と現れた死というバケモノに恐れおののくのです。

長く住職として、お寺で法事、ご祈祷、葬儀などをするかたわら、高山市内のクリニックや病院ボランティアの活動で、数多くの末期がんの患者さんに面談し、人が年齢を経てさまざまな悩みを抱え、そのために苦悩されておられる姿を見聞きしてきました。

特に病気になることで、それまでの活動が制限されたり、事故や障害で身体が不自由になったりすればなるほど、自己の存在意義や生きる意味を問う気持ちが強くなります。

身体の病気は、周りにその症状を具体的に伝えることができる一方、精神の病気はなかなか他人にはわかりづらいものがあります。

精神錯乱や異常行動、パニック状態などであれば、専門家への引き継ぎをすることで、一定の保護行動がとれます。しかし、外見からはまったく正常と見える状態でも、わずかに精神的機能障害がある場合は、なかなか他人には理解されません。

たとえば、真夜中に「私は死にたい」と何度も電話してくる女性。彼女は、昼間は、まったく普通の会社員として生きているのです。

心身の病気を抱えてしまうと、悩みや苦しみは人それぞれでありながらも、誰にも話せない苦しみを抱えて、悶々とする日を過ごすことになります。

死を恐れる背景には**「死にゆく過程における孤独」「家族や親しい人との別れへの恐れ」「死という未知の世界に対する恐れ」**があります。

多くの人は、死ぬことに漫然とした不安を持っています。生まれてこのかた「経験したことのない死」を迎えたとき、どうなるかわからないという不安です。

不安と恐怖は同じようで違います。精神医学的にも「不安」は漠然としたモヤや霧がかかったような心情であり、「恐怖」は目の前に確実に対象として現れる存在性ともいわれます。したがって、元気なうちはまだ直接的な自己の死に思いを馳《は》せることはあまりなく、知人や家族と死別したとき、漫然とした不安を感じる程度です。

若いときは「三つの驕《おご》り」があるといわれます。「①若さの驕り、②健康の驕り、③いのちの驕り」です。その驕りのために死を遠ざけて過ごすことができたのです。

しかし病気や老衰で死期が近くなると、死のテーマは眼前にあって、その得体の知れない死の恐怖におののくことになります。

死は、「自身が求めていない別離を強《し》いる」のです。それゆえ、恐れ、悲しみ、怒り、絶望、恨み、諦《あきら》めなどの情動や感情が揺れ動きます。中でも恐れと悲しみがもっとも多く表出してきます。

幼いときから死に接し、考える機会を持たないことが多ければ多いほど、現実の死に直面したとき、これらの情動的な反応は一層に大きくなるのです。

まさに「生、老、病、死」への苦悶です。ブッダ（仏陀）は、この四つの命題を解決するために仏法を説き表しました。これも奥深い内容ですので、後述することにします。

死ぬことへの恐怖や不安の背景にある、死を目前にした人のもっとも大きな情動反応は「死を恐れる」ことですが、その恐怖心には

①　肉体的な死の恐怖と不安（痛みに対する恐怖）
②　精神的な死の恐怖（孤独になるということ）
③　家族・社会からの分離による恐怖
④　宗教的な死の恐怖（現世における罪的恐怖）
⑤　成就できないための恐怖（やり遂げていないものを喪失する恐怖）

などがあります。

特に心身の苦痛は、壮絶な感情を引き起こすものですが、耐えられる痛みと耐えられない痛みがあります。これまで、多くのがん末期の方と出会いましたが、心身の痛みが耐えがたい状況になると「早く殺してくれ」と叫びたくなるような感情に襲われるそうです。

それでも最近では緩和ケアの技術も質も向上し、身体の痛みについてはかなり効果的な処

置が施されますが、スピリチュアルな苦痛にはまだまだ多くの課題があります。

そして、**大きな問題が孤独感です**。自分一人で死んで行かねばならないことの不条理。同時に愛する者との別れも大きな苦しみです。別離の苦しみは、死にゆく人の苦しみであると同時に、残されていく人の悲しみでもあります。最近はグリーフケア（悲嘆感情への癒し）が提唱され、病気だけでなく、災害や事故死で突然見舞われた家族の死に対する多様なアプローチが行なわれています。

病苦だけでなく人権侵害や社会的疎外による苦悩もあります。沖縄名護市にあるハンセン病国立療養所「沖縄愛楽園」に入所されている人たちと、縁があって三十年来の交流を続けています。コロナ禍の時期を除いてほとんど毎年訪問して、元ハンセン病の方々の声に耳を傾けてきました。この方々は社会的差別の中で、病苦だけでなく永く孤独や疎外感などスピリチュアルな痛みと闘ってきました。

私は、元ハンセン病患者の多くの方々から、人として生きる意義について教えていただいたのです。

地位、名誉、財産を喪失する苦悩も、死を否定したいという感情を引き起こします。

罪責感も人々を苦しめます。「人として不道徳なことをしてしまった」、「あの人にこんな言葉を言って、傷つけてしまった」、「あの人と喧嘩《けんか》別れしたままになって、申し訳ない」、「死ぬまでにあの人に謝っておきたいことがある」などと、死を意識するからこそ、過去の罪悪感に苛《さいな》まれることもあるのです。

罪悪感と同時に「やり残したこと」に対する執着心も自分を苦しめます。がんの末期を迎えた若い親の場合、自分の子どもの成長に不安を感ずることなどがあります。家族の成長を見届けたいと思いつつも、それは果たせないという現実を直視しなくてはならないのです。

そのような、死に直面したときに生じる心の痛みを**スピリチュアルペイン**といいます。

しかし、人が死を意識することは、すべてよくないこととはいえません。

むしろ、残された時間の中で死を見つめるからこそ、人生の意義を問うことができるのが人間の権能であり、そこからでも精神性、スピリチュアリティの成長があるといえます。

そして、死を恐れる要因となる苦悩は**「過去へのこだわり」**、**「現在の出来事」**、**「未来への不安」**の三つに大別することができるかと思います。

その三つの苦悩について、考えてみたいと思います。

《過去へのこだわり》

会社の仕事や子育て、家事に追われ、気がつけば子どもたちは、夫婦の下《もと》を離れてそれぞれが勝手に生きています。一所懸命に生きてきたはずなのに、気がついたら周りの友だちも去っていく。

そんな孤独感に苛まれる人も少なくありません。

「自分の生きてきた過去」に、強いこだわりのある人は、そのしがらみから離れられません。

こだわりという「執着心」です。

あのときの「あの人の言動を許せない」、「あの人にこんな言葉を言って、傷つけてしまった」、「ある人と喧嘩別れしたままになって、申し訳ない」というような、人に対する執着心もこだわりとなって、苦しみになっていることもあります。

つまり多くは人間関係から生じるものです。

心理学者アルフレッド・アドラーは、人間の悩みの八割は人間関係にあるといいます。

千光寺境内に隣接する「バザラ・いのちのケア室」で行なわれるカウンセリングでも、人間関係に関する悩みが大半を占めています。職場、家族、知人のあいだでのトラブルは後を絶ちません。

でも私は、人との関係性がうまくいかないことはそんなに悪いことではないと思っています。

育った環境や教育や習慣が異なる人が一緒に何かをやろうとするときに、意見の相違が生じるのは当たり前です。**ただ、大事なことは、うまくいかなくなったときにその関係性が修復できるかどうかです。**これが一番難しいことかもしれません。

特に近年は新型コロナウイルスの感染予防策で、人との接触が極端に制限された結果、そのまま人とコミュニケーションをとることができなくなっている人が多く見られます。

マスク着用が自由になった令和五年三月以降でも、感染予防とは関係なく、マスクを外して顔をさらけ出せなくなってしまっている人は少なくありません。

厚生労働省の統計では、令和三年の自殺死亡率（人口一〇万人当たりの自殺者数）は一六・八、自殺者数は二万一〇〇七人となり、対前年比七四人（約〇・四％）減。また令和二年と比較して、二十歳代、四十歳代及び五十歳代の各年齢階級で増加しました。男女別にみると、男性の自殺死亡率は二二・九で令和二年と同水準となり、女性は一一・〇で令和二年とくらべて〇・二ポイントの上昇となりました。また、男性は、女性の約二・一倍となっています（二〇二三年一月、厚生労働省ホームページ：https://www.mhlw.go.jp/content/R3kakutei01.pdf）。

まだまだ男性の自殺者は多いものの、女性の自殺者も増えていることに対して、社会での人的交流が減少していることが影響しているのではないかと考えられています。

《この世の未練》

次に「モノ」についての苦悩は、家、土地、車、家具、衣類、装飾品などに対する執着心です。「モノ」に対する愛着心はその人が生きていくうえで、大切なものではあるのですが、我欲が高じてトラブルになっているケースも少なくありません。

一所懸命に働いて、家族の幸せを願って家や車など財を築くことは大事なことです。ただそこに落とし穴があります。

ある人は、どんどん歳を重ねて、自分でも財産の処理に困るほど保有しながらも、家族に分けることもせずに、一人で抱え込んでいました。家族もそんな本人にあきれて離れていきました。結局その方は、病気になりながらも家族に看取られることもなく、一人寂しく（そう思ったかどうかわかりませんが）収容先の病院で亡くなりました。

「モノ」を持つことによって、葛藤《かっとう》が増大する一例です。

お金は本来人が幸せになるための手段であったはずです。しかし経済社会の世の中では、お金が無くては何もできず、その価値は大きなウエイトを占めるのです。

お金に関する犯罪（刑事事件）は、「奪い取る、騙し取る、脅し取る、横領する、盗品に関わる、壊す」というように分類されるようですが、毎日ＴＶや新聞、ＳＮＳ（ソーシャルネットワーキングサービス）で多くの事件が報道されています。

ある人は犯罪までにはいかなくとも、自分の所有する土地をたくさん保持して、その売買に翻弄《ほんろう》されて他を顧みることができなくなって、かえって苦しんでいます。

これらの問題は今に始まったことではなく、もしかしたら人類が社会生活を営むようになってから、他人と競争して生きようとする生存欲求の中で生み出されたことかもしれません。

「お金が無いよりはあったほうが幸せ」と思う人は少なくないでしょう。しかしどれだけあれば幸せかは、その人の価値判断にもよります。

私は、決して裕福ではなくても、家族が協力し合って、あたたかい家庭を築いている人々をたくさん知っています。生活費を切り詰めながら、工夫して、時に家族で旅行に行き、美味しい料理を囲んで団らんを楽しんでいらっしゃいます。

なぜ、モノや金銭で苦しまなければならないのでしょうか。

苦しみの大半は、「執着」という自己保存の心から始まっています。

本当に大切なことは何かを、これから考えていきましょう。

さらに、「地位」について考えてみましょう。「地位」は、人の社会的なステータスを意味する重要なものです。地位が高くなることは、人の名誉欲をくすぐります。それは地位が権力に結びつくからではないでしょうか。

権力を手にした人は、「ヒト、モノ、カネ」を同時に操れる立場になります。そのことで、他者に多大な影響を与える力を持つようになります。

政治家はどこまで庶民のためを思って活動しているのでしょうか。結局は我欲のために、自らが所属している組織のことを第一に考えているのではないかと思われます。

名誉欲はどんな職種の方でもあります。正直にいえば、私自身もそのことで、若いときに葛藤した経験があります。本来僧侶はそんなことにうつつを抜かしてはいけないのですが、立場が上になっていくと、従う人々に対して影響力を持つことに一種の快感を覚えるようになるのです。自分が偉くなったような錯覚をするのです。本当に困ったものです（笑）。

こういった書籍を書き、多くの方に読んでいただいたら、ありがたいことで自己実現に結びつくのですが、一歩間違うと自己保存になってしまいます。自省しています。

アブラハム・H・マズローという心理学者は、人間の欲求の研究を行ない、欲求（必要）五段階説を唱えました。一般的には「①生理的欲求　②安全欲求　③社会的欲求　④承認欲求　⑤自己実現欲求」の五つが知られていますが、実は自己実現の次に六番目として「自己超越の欲求」があるのです。

マズローの欲求段階説は、満たされる場合と欠乏することによる心の課題を取り上げています。五つのうち、①生理的欲求と②安全欲求は物理的欲求であり、③社会的欲求、④承認欲求、⑤自己実現欲求は精神的な欲求です。

地位の欲求は、③、④、⑤に基づくものだといえるでしょう。われわれは地位への執着に意識的にならなければなりません。

《将来への不安～老後の生き方》

人生の最期のステージにおいて、家族のお世話になることを理想としている人、家族の世話にはならずに社会福祉のサービスを希望する人などさまざまですが、家族だけのケアには限界があるのは確かなことです。

医師で僧侶の奈倉道隆氏は、社会生活の変化によって、老人を取り巻く精神的・社会的課題を三つ挙げています。

①　近代の急速な工業化、都市化によって、自然からの離脱が起き、機械的合理主義が横行し、退職者や生活能力減退者などの生産的価値が失墜していること。

②　家族や地域の連帯性が薄れ、共同体としての相互扶助力が衰退し、本来の共同体が行っていた死別儀式や葬儀が、商業化されてきたこと。

③　医療の没人間性、没社会性によって、生物的側面が重視され、精神的、社会的な人間性のあり方が、軽視されている現状があること。

（奈倉道隆「老人の終末への不安と仏教社会福祉」田宮仁ほか編『仏教と福祉』渓水社、一九九四年）

外から客観視すると、こういった社会的課題があることを理解できますが、一人の人間に立ち返って考えてみるといろいろ複雑です。現在は多くの介護サービスが、国や市町村の施策で実施されていますが、ここではその一つひとつのサービスの紹介は省略して、本質的な課題を考えてみましょう。

現代では老年期に特徴的な現象の一つとして、「フレイル」という概念が提唱されています。それは「高齢期に生理的予備能が低下することでストレスに対する脆弱性が亢進《こうしん》し、生活機能障害、要介護状態、死亡などの転帰に陥りやすい状態で、筋力の低下により動作の俊敏性が失われて転倒しやすくなるような身体的問題のみならず、認知機能障害やうつなどの精神・心理的問題、独居や経済的困窮などの社会的問題を含む」ことです（「日本老年医学会」ホームページ：https://jpn-geriat-soc.or.jp/info/topics/pdf/20140513_01_01.pdf）。

フレイルには身体的、心理的、社会的要因があり、高齢者に起こる確率が高いといわれていますが、若年においても環境次第で起こることもあります。

私自身が老人施設で、スピリチュアルケアの活動をしてきた経験から知ったことは、**介護されている多くの老人が「孤独感」「厭世観《えんせいかん》」「来世観」などの漠然とした不安を抱えている**ことです。

孤独感とは「一人で死んでいかねばならない寂しさ」です。身体が思うように動かせなくなる現実に直面しながら、それでも頑張って動かそうとするときに、人生のはかなさや、過去の健康体であった頃のことを振り返る。そういうときに、なんともやるせない気持ちになるのです。

家族がいても、医療や福祉介護でケアをする人が近くにいても、人はたった一人で死んでいかねばならないと思うときに、孤独感を味わうのです。

経済的には自立し、家族を養い、それなりに社会的な地位もあった人々が、老年になって寂しさを隠せないのは、やはり精神的な充足感を味わえなかったからでしょうか。

《井原西鶴の老後観》

かつて日本人が美徳としてきた「老人を大切にすること」の背景には、古老は博識であり、何かのときには「いい知恵を出してくれる」という地域社会の期待もありました。今ではそれをＴＶやインターネットが代用しているといえます。年長者や老人にいちいちお伺いをたてなくても、それらが必要な情報を教えてくれるのです。

また、昔は仏教や忠孝を説く儒教や老荘思想が精神的な支えになっていた、という人が多くいらっしゃいました。今は心の中にそういう支柱を持たない人が増えています。というより、必要性を感じなくなっているのではないでしょうか。

そこに「地域離れ」「宗教離れ」「年寄り離れ」が起きているのではないかと思います。

日本人の大好きな江戸時代はどうだったでしょうか?

江戸時代は室町、戦国時代を経た武士の時代でもありましたが、武力よりも儒教的な武士道を生活の柱として、質素倹約を旨として、庶民もつつましく生きつつも個人の生き方を大事にした時代でもあったようです。

江戸時代を生きた井原西鶴《いはらさいかく》という浮世草子《うきよぞうし》作家は、十三歳までは分別のない子ども時代、それから二十五歳までは親の指示を受けて働く時代、その後は自分の才覚と努力で稼ぎ、四十五歳までに一生困らないよう家の基礎を固め、老後は遊楽に過ごすのがよいとしています。つまり、五十代後半から老後とみなして、生活費とは別に、人生を楽しむ遊興の財と施しが大切であるといったのです。

江戸の前期は、武士よりも経済力を持った商人の勢いが次第に強くなった時代でした。庶民の生活では、享楽、消費を抑制し、質素倹約に努め、正直、信心、堪忍《かんにん》、律儀が奨励されつつも、西鶴は人間の本能を気兼ねなく発揮する享楽生活の中で、外面的に道徳に束縛されない「自分らしく生きる」ことに徹した人でした（新村拓『老いと看取りの社会史』法政大学出版局、一九九一年）。

西鶴というと江戸時代の遊び人のような印象がありますが、健康に留意し、仁義を重んじ、神仏を崇《あが》め祀《まつ》っていました。**ポジティブでスピリチュアルな生き方**を実践したともいえます。

精神的な面に着目すると、当時の人々は金や財産などの物質的なものだけでなく、人情を重視し、精神的な向上に努める生き方を同時に併せ持った生き方を大切にしたのです。

ＴＶドラマや映画で、江戸時代にまつわる物語に人気があるのは、人々に決して裕福ではなくても、自分らしくイキイキと生きようとする姿勢が感じられ、また自由で繊細な感性を大切にした時代だったからこそではないでしょうか。

《兄の人生会議（ACP）》

私の実兄は、七十八歳で「すい臓がん」の宣告を受けました。

その日は、二〇二二年一月十八日でした。

「お伝えすべき重大なことがあるので、家族と一緒に来てください」と、総合病院の担当医師からの連絡があったのです。

「すまないが、お前（私）にも同席してもらいたい」と兄からも連絡がありました。

「胃がおかしいと思って検査を受けたが、どうも普通の病気ではないような気がする」という待合室での兄の言葉どおり、外来診察室で医師は「すい臓がんステージⅣ期」を宣告しました。ステージⅣ期とは、すでにがん細胞が他の臓器に転移している状態です。

気落ちして何も言えないのではないかと思っていた兄は、すかさず医師に「あと、どれくらい生きられますか」と尋ねました。いきなり余命を尋ねる患者はそんなに多くはいません。

医師は「まあ、一年くらいですね」と淡々と語りました。

「そうですか、一年ですか」

医師の話を聴いて、兄は軽くうなずきました。

医師はいくつかの治療方針を提示して、家族と相談することを勧めました。

その夜、実家では兄の妻、長男夫婦と私も同席して家族会議が開かれました。

兄の思いを最優先しつつも、家族でいろいろ語りました。兄は残された時間について、

「手術は難しいので、ある程度の抗がん剤治療をしつつ、経過をみることにした」と語りました。

私が提案したハイパーサーミア（温熱療法）にも関心を示しました。

そして兄は、

「できるだけ今の仕事（建設会社の現場監督）を続けたい」

「元気なうちに孫の結婚式を見たい」

「コロナ禍でやれなかった兄弟会をしたい」

などと述べ、残された時間を有意義に過ごしたいという思いを家族に伝えました。

周りはその兄の思いを受け止め、できることを積極的に約束しました。

こういった残された人生について話し合うことを**アドバンス・ケア・プラニング（ACP）＝人生会議**といいます。

ACPとは、日本医師会では「将来の変化に備え、将来の医療及びケアについて、患者さんを主体に、そのご家族や近しい人、医療・ケアチームが、繰り返し話し合いを行い、本人による意思決定を支援する取り組みのこと」としています（日本医師会ホームページ：http://www.med.or.jp/doctor/rinri/i_rinri/006612.html）。

そして、人生の終末をケアすることを指す言葉に**エンドオブライフ・ケア**があります。

これは二〇一二年に千葉大学で定義されたもので、「診断名、健康状態、年齢に関わらず、差し迫った死、あるいはいつかは来る死について考える人が、生が終わる時まで最善の生を生きることができるように支援すること」とされています。

またエンドオブライフ・ケアは、「終末期ケア」や「緩和ケア」の代替語ではなく、「老いや病いを抱えながら地域社会で生活し続ける人々の暮らし方、家族との関係性や生や死に関する価値観、社会規範や文化とも関連した、新たな生き方の探求であり、新たな医療提供の在り方の創造ともいえる」ともしています（千葉大学看護学研究科ホームページ：http://www.n.chiba-u.jp/eolc/opinion/）。

「エンドオブライフの時期」に限定したものとしては、ACPの話し合いの入り口として、厚生労働省（神戸大学作成）による「何が大事であるか」という問いかけ文があります。

もし生きることができる時間が限られているとしたら、あなたにとって大切なことはどんなことですか？　以下の中から選んでみて下さい。（複数回答可）

□家族や友人のそばにいること
□仕事や社会的な役割が続けられること
□身の周りのことが自分でできること
□できる限りの医療が受けられること
□家族の負担にならないこと
□痛みや苦しみがないこと
□少しでも長く生きること

□好きなことができること
□ひとりの時間が保てること
□自分が経済的に困らないこと
□家族が経済的に困らないこと
□その他
（中略）

「生き続けることは大変かもしれない」と感じる状態になったとしたらどのように過ごしたいと思いますか？

以下の中から選んでみて下さい。
○①必要な医療やケアを受けてできるだけ長く生きたい
○②①よりは命が短くなる可能性はあるが、今以上の医療やケアは受けたくない
○③わからない
（http://www.med.kobe-u.ac.jp/jinsei/acp/index.html、大下大圓・梶山徹『ACP人生会議でこころのケア』ビイング・ネット・プレス、二〇二〇年でも引用）

これらのことからも、ＡＣＰで重要なことは、「意思決定」をすぐにすることではなく、**心が落ち着くまで「現状での希望を話し合うプロセス」そのもの**なのです。

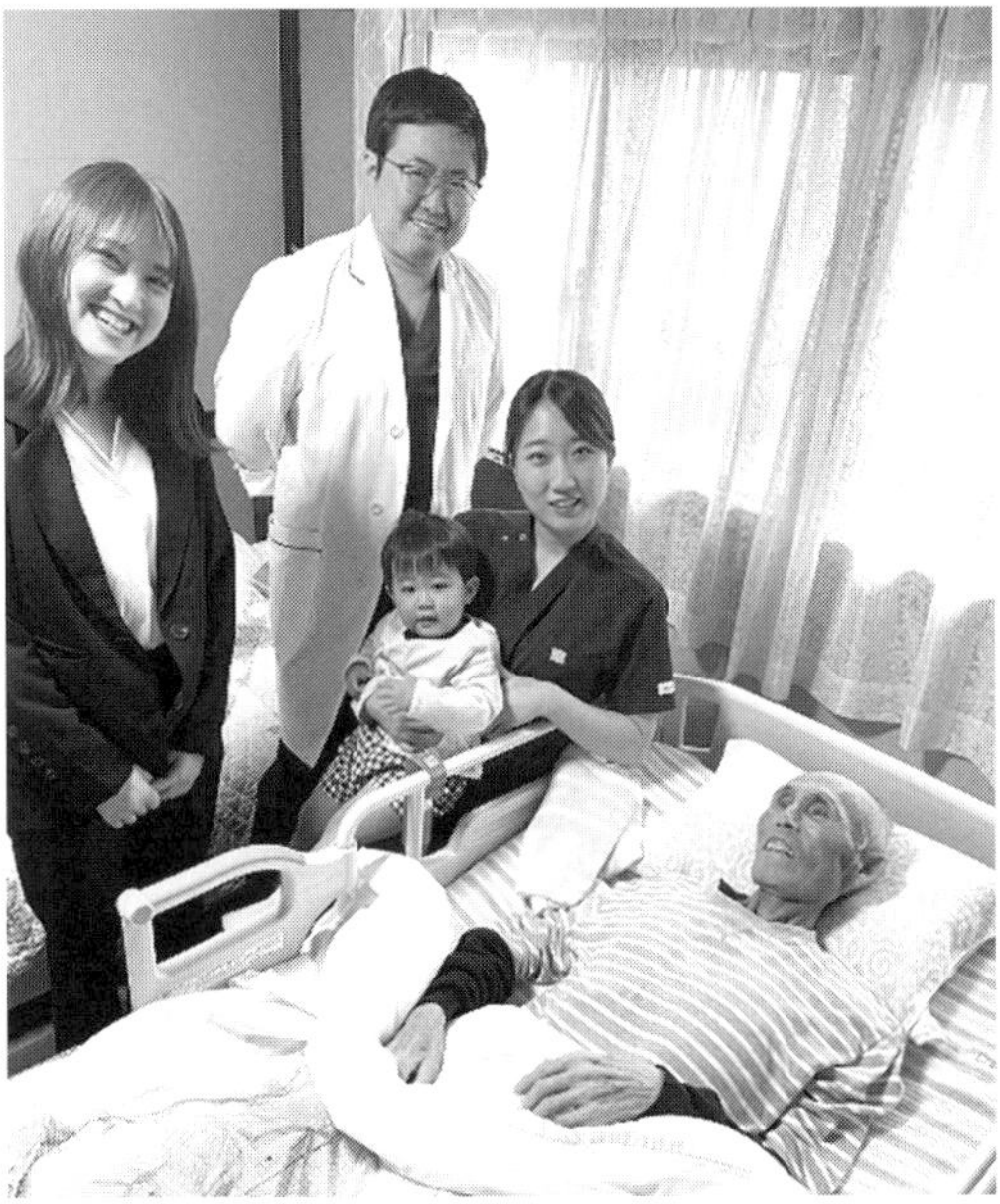

「在宅ケアで孫とひ孫に囲まれて」（個人提供）

あなたの人生の最期において、本当に大切なこととは何でしょうか？まさに「死を語ることは未来を語ることであり、希望を語り合うこと」なのです。

実兄は、医師の余命予測を大きく超えて、仕事こそ整理して退職しましたが、服薬療養をしつつ、食べるものは食べ、歩行もでき、比較的元気で過ごしたのち、二〇二三年五月に亡くなりました。

医師の告げた予後一年を五カ月も過ぎて徐々に体力が落ち、一旦は緩和ケア病棟で疼痛コントロールをしていましたが、本人が「死ぬのは、やっぱり家がいい」と希望し、在宅ケアとなりました。

コロナ禍で面会できない病院と違って、自宅には遠方にいる孫たちも頻繁に会いに来ることができて嬉しそうでした。あの世を信じていた兄は、大好きな家族に見守られておだやかに旅立ちました。

このように、その人らしく生き、その人らしく逝《ゆ》けるように支えるのが、ACP（アドバンス・ケア・プランニング）なのです。まさにACPとは、QOL（生命の質）とQOD（よき死）を併せ持つ大事なプログラムなのです。

第二章

死を想え〜死生観とは

《メメント・モリ――死を忘れるな》

人は、生まれた以上は必ず死にます。

この世でどんなエライ人でも、財を築いても、社会に貢献した人であっても、自分の死を免れることはできません。どんなに医療技術が進んでも、今のところ死を避けることは一〇〇%不可能です。

「メメント・モリ」(memento mori) はラテン語で、日本語に訳すと**「死を忘れるな」「死を想え」**というような意味合いになります。

西欧社会では、キリスト教の影響から、死の恐怖を背景に、天国、地獄、魂の救済が重要視されることにより、死を恐れることがないような生き方を考えるようになりました。

そして時代を経て、死への思いは、現世での楽しみや贅沢、手柄が空虚でむなしいものであることを強調するものに変化し、現実を越えて来世に思いを馳せるようになったといわれています。

つまり死を避けるのではなく、誰にも平等に訪れる死をしっかりと考え、洞察することを、メメント・モリは教えてきたのです。

《臨終のとき》

全身状態が悪化し、最終的には呼吸と心拍が停止して死を迎える。見守る家族にとっても一番つらいときです。

医師が死の三兆候「心拍停止」「呼吸停止」「瞳孔散大状態《どうこうさんだい》」を確認して、死亡を宣告します。

淡々と死へのプロセスを語ると、何か寂しい気持ちがします。

医学的には前述の死の三兆候で、肉体的な死が確認されます。それまでは生身の生体であっても、死によって死体（遺体）という扱いになります。つまり生物学的には一個の「モノ」になるのです。近年は「脳死」も加わりました。

「モノ」の扱いになると、医療者の手を離れて、霊安室に移動し、葬儀社や家族へ引き渡されます。死亡原因が不明なときには、病理解剖など（遺族の了解が必要です）が行なわれることもあります。ご遺体を解剖して臓器、組織、細胞を直接観察し、詳しい医学的検討が行なわれるのです。

またご本人による献体希望（事前登録）があった場合は、大学病院などで固定液により保存され、その時期を待ちます。「日本篤志献体協会」によれば、「献体とは、医学・歯学の大学における解剖学の教育・研究に役立たせるため、自分の遺体を無条件・無報酬で提供すること」をいいます。献体希望の人が、「生前から献体したい大学またはこれに関連した団体に名前を登録しておき、亡くなられた時、遺族あるいは関係者がその遺志にしたがって遺体を大学に提供することによって、はじめて献体が実行されることになります」（日本篤志献体協会ホームページ：http://www.kentai.or.jp/what/01whatskentai.html より）。しかし、家族の下にご遺体が火葬されて帰ってくるには一～三年くらいかかることがあります。

生物学的な死を迎えると、家族に大きな変化が訪れます。亡くなるまでは、医療機関や在宅においても手厚いケアの対象になりますが、死亡宣告とともに葬儀などへの動きが慌ただしくなります。

そこでもう一度、死を考えてみましょう。死によって生物学的にはモノとなっても、先ほどまであたたかかった愛する家族の遺体は「モノ」ではありません。どこまでも愛する家族の身体そのままなのです。死によって、身体は動かなくなっても、家族としてのあたたかな絆を感じるし、愛情もひとしお強くなります。見えない魂の存在さえ信じられるようになります。

これが形而上学《けいじじょうがく》的な死の体験です。形而とは形があること、つまり肉眼的に可視化できることですが、形而上とは簡単にいえば、不可視状態のことをいいます。すでにこの世に身体を持っていない家族の「いのち」を思ったり考えたりすることです。

肉体的な死を迎えて、火葬や埋葬がなされた後、肉眼では確認できなくなった家族のいのちに関する考えを問い直すことが、「形而上学的ないのち」です。残された人の心に残る、大切な人の「いのち」「魂」なのです。作家の柳田邦男氏はこのことを**「死後生」**ともいいました。死後生とは「人の精神性のいのちは死後も、後を生きる人々の心の中で生き続けそれぞれの人生を膨らませる」ことなのです（柳田邦男『犠牲《サクリファイス》――わが息子・脳死の11日』文春文庫、一九九九年）。

「形而上学的ないのち」は、宗教的な文脈では「霊魂、あの世、霊界、浄土、天国に移行する生命体」ということになります。それぞれの宗教によって表現は異なりますが、スピリチュアリティな領域です。このスピリチュアリティにも多義的な概念がありますので、後述することにします。

そのような「人の死の風景」や「死と生」に対していろいろ考えることを死生観といいます。

《死別と葬儀——なぜ葬儀が必要なのか》

臨終宣言をされた患者の家族は、施設の場合はいつまでもそこに居るわけにはいきません。死後の処置から始まって、情況はどんどん変化していきます。葬儀社が死別の一切を取り仕切る場面となるのです。

最近の死に対する意識の変化として、「葬式なんか必要ない」という声も聞かれるようになりました。特に二〇二〇年から起きた「コロナ感染者の死」は、これまでの葬送風景を一変させました。コロナ感染者の入院先の病院では、家族でも面会禁止。一般病棟でも家族の面会は制限されました。そして亡くなると、遺体は感染予防の納体袋に入れたままで家族は死に顔を見ることもできず、法に基づいてすぐに火葬場に直行しました。葬儀はなく、火葬だけで、家族は本当に最後のお別れもできない状況が続きました。

「葬儀をしなくても、亡くなった肉親を荼毘《だび》に付してそのまま終わり」ということができるようになったのです。これは葬送の風景を変えました。ただ、最近になって、コロナ感染で亡くなった親族を火葬にして、その後に骨葬儀をする家族も増えました。やはり葬儀は必要なのです。

葬儀というのは、ご遺体を埋葬する儀式にとどまらず、亡くなった人と遺された人の、両方の魂のあり方にけじめをつける場でもあります。**つまり、葬儀は亡くなった方のためのものでもあるけれども、遺された人のためのものでもあるわけです。**葬儀は「グリーフワーク（喪失の際の悲しみと立ち直りのプロセス）」の一環であり、悲しみを癒していくプロセスなのです。

人の死は、個人的なものでありながら、社会的な死という側面も持ち合わせています。ですから、社会的な死の部分に決着をつけておかないと、遺された人たちの心のけじめがつかないのですね。それが共同体の中で生きてきた本来の人間の姿です。

もちろん、もっとドライに考える人もいるでしょう。「人は死ねばゴミになる」と言った検事総長がいました。そうした唯物論的な考え方をする人にとっては、確かに葬儀は不要なものです。葬儀社に支払う葬儀料も、無駄なお金としか考えられないでしょう。本人にとって、それはそれで正論なのでしょう。

戒名《かいみょう》についていえば、同じ仏教国でもスリランカなどの国では、戒名をつける習慣はありません。一方昔の中国儒教では、亡くなる前にその人に対して位を与える習慣がありました。これが本来の「位牌《いはい》」であり、戒名のルーツとなりました。**つまり、戒名というのはもともと仏教にはないもので、仏教が中国を経由して伝わってくるあいだに、儒教や道教の影響を受けて付加されたものなのです。**仏壇もそうです。先祖を大事にするという中国の儒教や道教の鎮魂思想の中で生まれたものです。

ですから、スリランカの仏教と日本の仏教はかなり違います。根底に流れている教えは同じですが、形態が大きく異なるのです。日本の仏教は、仏教が土着宗教と融合してきて生まれた特異性を備えているのです。これは日本だけのことではありません。仏教はさまざまな国の文化を吸収しながら、変幻自在に形を変えつつ、アジア各国に伝播していったわけです。

では日本の仏教は間違っているのかというと、決してそうではありません。葬儀にしても、改善すべき点は改善して、魂のあり方にけじめをつけられるように、心を込めて行なうことがいちばん大切なのです。

《昔の葬儀には、とても静かな時間が流れていた》

葬送儀礼については、葬儀場ができるまで、ほとんどの葬儀は自宅や地域の公民館で行なわれていました。どんなに狭い家であろうと、家の中を片付けて祭壇を置き、近所の人たちが寄りあって葬儀を取り仕切っていました。葬儀は共同体の協働作業の象徴だったのです。ですから、現在のように自宅で葬儀を行なわないことが一般的になっている状況は、家族単位での行動が主流となっており、地域の共同体が崩れて変化していることの証左といえます。

火葬にしても、私が幼い頃は〝野葬〟といって、火葬場に指定された土地で、隣組などの地域の人が、薪《まき》と藁《わら》を使って焼いてくれました。薪を積んでその上にお棺を置き、二〇束くらいの藁を使って焼くのです。お棺の中の遺体には濡れたムシロをかぶせてあるため、じわじわと高熱で焼かれ、最後は骨だけがきれいに残ります。火葬のあいだは遺族や近所の人たちが車座になってのんびり見ているというような風情《ふぜい》がありました。とても静かな時間が流れていたのを覚えています。

かつての日本の葬送儀礼は、そのようなのどかなものだったのです。そして、焼かれていく遺体を見ながら、故人が自然に還っていくのを確かに感じていたのです。現在のようにお釜に入れてボタンを押すだけでは、なかなか得られない感覚です。

その後、自宅で葬儀を行なうのは大変だということで、葬儀社の手を借りて、地域の公民館などで葬儀を行なうのが主流になりました。地域の人たちが手伝う習慣はしばらく続きましたが、やがて会社勤めの人が増え、女性も外へ仕事に出るようになって、通夜と本葬の二日間にわたって手伝える人が減ってきました。近所に迷惑をかけないという心理も働いていきます。

そこで次第に、人手も用意してもらえる葬祭場を利用するケースが増えてきました。その結果、あらゆることを葬儀業者に任せることとなって、労力がかからない分、経済的な負担は増し、葬式が形式的なものになっていきました。ここに葬送典礼の産業が出来上がったのです。

この頃から、死というものに対する畏敬の念、そして葬儀の本来の意味が徐々に見失われていったように思います。

葬儀の意味は、前記したように、亡くなった人と遺された人の両者にとって、**魂のあり方**

にけじめをつけることにあります。遺された人にとっては、故人の最期をどのようにみんなが見ていくかというプロセスに向き合う時間となり、子どもたち、孫たちにとって生きていた人が死んで行くプロセスとその意味を知る大切な教育の場となります。

葬儀では、生きていた姿から骨になっていく人間の生々しい変化に接することになります。それを否応無しに見る、見せられる、体験する。本来は避けたいことにあえて関わることで、自然にスピリチュアルな教育、死の学びを経験するのです。

葬儀をあまりにも簡略化したり、無くしてしまったりするのは、死の教育の場を失うことにつながります。お金をかけなくてもいいから、とにかく心の通う儀式をする。これが遺された人々にとって大切なことだと思います。

前記したグリーフワークの視点からも、葬儀は大切です。遺族や友人・知人がみな、葬儀の場で悲しみを共有し、分かち合うことが、人間関係の維持や修復につながるのです。悲しみを癒すグリーフケアにおいても「別れの儀式」があるほうが、立ち直りに効果があるとの研究報告もあります。

「他者の死に共同体で関わること」が、人類が古代から伝えてきたいのち・スピリチュアル教育だったのです。

《家族が故人への思いを読み上げる葬儀》

私は約四十年、住職を務めながら、葬送について独自の取り組みを行なってきました。それは「家族参加型葬儀」です。僧侶と葬儀社だけで葬式を進めていくのではなく、家族にも積極的に葬儀に参加してもらうのです。

何をするかというと、故人に対する別れの言葉を家族から語ってもらうのです。うちの檀《だん》家《か》さんの葬儀では、これを一つのプログラムとして組み入れています。

たとえば、一家の主であるお父さんの葬式では、子どもたちが「いつも遅くまで働いてくれてありがとう」といった感謝の言葉を棺と写真に向かって語りかけます。家族と故人との対話なのです。家族が故人と最後にしっかり向き合える場、対話する場をつくる。これはとても大事だと思うのです。このことは専門的な用語で**ナラティブ・セラピー**（もの語り療法）といいます。

こうした葬儀をコーディネイトするのは葬儀社ではなく、僧侶の仕事だと思っています。少なくとも私の場合は、私自身が次のような流れで取り仕切っています。

檀家さんからご家族が亡くなったという連絡を受けると、すぐにご自宅へうかがって、まずは丁寧に枕経《まくらぎょう》をあげます。そのあと家族に葬儀の流れをお話しします。このとき、故人に対して、葬儀のときに家族の気持ちが伝えられるメッセージを用意してもらうようにお話しするのです。最初はみなさん戸惑いますが、今まで断られたケースは数えるほど少ないです。むしろ、積極的にいろいろ考えて手紙を書こうとされます。

メッセージを語りかけるのは誰でも構わないことを伝え、私はいったん引き揚げます。そのあと、家族がみんなで話し合うわけです。「お坊さんからこんなこと言われたけど、誰がメッセージを用意する？」「やっぱりお父さんにずっと寄り添ってきたお母さんがいいと思うよ」「文章はみんなで考えようよ」という感じです。

この「家族が話し合う」ということも大切なプロセスなのです。家族の一人が亡くなったという大事《だいじ》を通じて、遺された家族がみんなで一つのことを考えたり、行動したりする。これは家族の結束をぐんと強めます。ふだん緩みがちな家族のつながり、家族の絆をあらためて強める機会となるわけです。

お母さんが手紙を書くかたわらで、子どもたちが「そんなことお父さん言っていたんだ」「私、初めて知った」といった会話をする。これ自体が個人を偲《しの》ぶ供養になるとともに、家族の心も癒されていきます。この時点である程度、亡くなった方と家族のあいだの距離が縮まり、折り合いがつくわけです。

そして葬儀のとき、家族みんなで話し合いながら綴った手紙を声に出して読み上げると、そこに凝縮された家族と故人との対話が成立します。これにより、親戚を含めて、身内の人間は自分たちの気持ちを故人に伝えられたという達成感や満足感が得られます。

そうしたこともあって、私は「引導文」を現代語で行なうようにしています。引導文というのは、故人が迷いなく仏の世界へ旅立てるように読み上げる仏教的なお諭《さと》しの文です。

これにより、死者に「死を理解し、成仏を願う」という道筋を示すわけですが、もとの文章は漢文や漢詩なので、そのまま読むと一般の人たちにはなんのことかサッパリわかりません。

そこで、亡くなった人に応じて、その方の生い立ちや人となりを語り、どのように亡くなる経緯に至ったかを、ライフヒストリーとして現代語の引導文にして、導師が読み上げるのです。そうすると、参列している人たちに故人のライフストーリーが心情的にも伝わり、死者も安心して旅立つことができます。この世からあの世への引き渡しがイメージとして、参列者の心に響くのです。

正直、葬儀のたびにオリジナルの引導文を作成するのは、ことのほか手間と時間を要します。しかし、それは僧侶として大事な役目だと思っています。枕経のあとに、個人のライフヒストリーを親族からうかがっておいて、通夜の席で故人の生きざまを参列者に伝えることは、あらためて故人の思い出を共有する場となって、家族のそれぞれの心が癒されます。

引導文にそのライフヒストリーを挿入することで、故人のこの世に対する執着を手放して、仏の世界へスムーズに旅立っていくあと押しもできると考えています。

お金をかけて祭壇を豪勢に飾り立てなくても、参列者が少なくても、家族をはじめ、そこに集ったすべての人々の悲しみを癒す「グリーフワーク」は成立するのです。

昔は、遺族は喪に服すということで、葬儀において言葉を発するのを控え、感情を押し殺して黙って下を向き、とにかく悲しみに耐えることが日本人の一つの美徳とされていました。しかし私は、二日間にわたる葬儀のあいだ、話をすることも泣くこともせずに我慢した方が、棺が閉じられる直前になって突然号泣して取り乱すシーンを何度か見聞きしました。

一方、私が勧めている「家族参加型葬儀」を行なうと、棺が閉じられる瞬間も、お釜にご遺体が入る瞬間も、静かに見送ることができます。本当に不思議なのですが、「じゃあ、行ってらっしゃい」といった感じで、自然にお別れができるのです。

やはりどこかで悲しみの感情を表出しないと、心が癒されないのですね。本来、葬儀は悲しみを表に出す場でした。韓国では〝泣き女〟といって、葬儀の場で大げさに泣く役割の人が存在します。家族の分まで悲しみを精一杯に表現してくれる人を用意し、故人を弔《とむら》うのです。これもグリーフワークの一つのやり方であり、「喪の仕事」という文化です。

仏教はもともと、人の生き方を語るものであり、その時代に生きている人たちの拠りどころですから、伝統を重んじながらも、時代に応じたやり方をしていくほうが理に適っていると思います。今日《こんにち》、儀式と日常の思いが大きくズレてしまっていることが、宗教離れの要因にもなっているようです。

今後も仏教（宗教）教団側は、葬儀やその後の忌日法要《きじつほうよう》、年回忌法要などは、人生や死生観を学ぶ大切な出来事であることを丁寧に説明していかねばなりません。

ではその死生観とはいかなるものかを、次に考えていきましょう。

《在宅ケアの末期がん患者の半数近くが経験する「お迎え現象」》

仙台市で在宅緩和医療を実践してきた岡部健医師（故人）は、末期がん患者の約半数近くが体験遭遇する**「お迎え現象」**という特有な出来事を報告しています（奥野修司「死の床で見える『お迎え現象』調査報告」『文芸春秋』第九〇巻、第一〇号、二六六、二〇一二年）。

「お迎え現象」とは、だんだん日常的な動作ができなくなり、傾眠《けいみん》状態（もっとも軽度の意識障害）で意識も朦朧《もうろう》気味の末期患者にみられる現象で、すでにこの世を去ったその方の親しい肉親などが、枕元に出てきて、患者さんにやさしく話しかけたり、一緒に行こう（死ぬこと）と誘うような態度をとることです。

看病する人には見えないのですが、患者本人はリアルに体験する現象なのです。

従来この現象は、医療的には「せん妄」や「意識障害」として、安定剤や睡眠薬の処方で片付けられていたのですが、頻繁にケアに当たった看護師などからも報告されていたことであり、岡部医師のグループはしっかりと患者や死別後の家族に対して調査を行ないました。そして緩和医療学会で報告されて、在宅ケアの人たちに共有されることとなりました。

重要なのは、この「お迎え現象」を体験した患者は、とてもやすらかな最期を迎えたことです。「一人で死ぬのは寂しいけれど、先にあの世に逝った親しい母や父や祖父母が、迎えにきて、一緒に行ってくれる」という安心感が、死期の近い患者の不安を取り除いたのでしょう。

患者の体験を家族が聴いたことも含めて、約半数近くが「お迎え現象」を報告してきたそうです。

ここに岡部医師は着目して、末期がん患者などの在宅ケアにおける「ケアマニュアル」に「お迎え現象」が出たかどうかを記載し、「お迎え現象」が出た患者は、死期が近いことから集中してケアに当たることができるようになったそうです。

死を「怖いもの」として不安に思う末期がん患者さんに、この「お迎え現象」は朗報として紹介されるようになりました。

この現象について、「科学的でない」と一蹴《いっしゅう》するのは簡単です。

しかし現実に、在宅ケアの末期がん患者の半数近くが体験するこの「お迎え現象」は、一つの死生観を学ぶ場であり、スピリチュアルケアに相当する大切なものといえます。

日本ホスピス・緩和ケア研究振興財団が全国で一〇〇〇名を対象に行なった二〇一二年の調査では、「余命が限られた場合、どのような医療を受け、どのような最期を過ごしたいか」を分析しています。特に「信仰する宗教があるということは、死に直面したときに心の支えになると思いますか」の問いに、「なると思う」と回答した人が五四・八％と過半数を占めています。

二〇〇八年調査（三九・八％）と比較すると、これまで宗教に無関心だった人たちの中で、その役割を肯定する人が増加している可能性があるとしています。

《現代の若者の死生観》

以前、二十歳前後の学生さんたちと死生観について語り合ったことがありました。

名古屋の国立大学の宗教学の授業で「死生観」について講義を担当したときに、授業の一環として学生にアンケート調査を実施したのです（平井啓ほか「死生観に関する研究」『死の臨床』二三巻、一号、二〇〇〇年を参照しました）。

二〇〇九年に実施した調査では「あなたは死後一日から二日以内の死体に遭遇した経験がありますか」という問いに対して、八〇％の学生が「ある」と答えています。「それは何歳の頃か」というと、幼児期から中学生くらいまでのあいだがほとんどで、祖父母の死に遭遇したケースがいちばん多くなっていました。そのうち、遺体を間近で見たというのは、八三人中、五六人いました。

次に**「死後の命というのはあるだろうか」という問いに対し、「ない」と答えたのは、身**

近な人の死を経験していない学生では三一%、身近な人の死を経験している学生は二〇%台でした。

身近で死を経験することにより、死後に対する関心が高まっているのがうかがえます。命に対する思いが深いのですね。つまり人間の死生観は、宗教的儀式や宗教体験などのスピリチュアルな経験をすることによって、深まっていくといえましょう。

この他、生まれ変わることに対しては、三分の一以上の学生は「信じている」と回答しました。対象となった学生の中には、法学部や経済学部、また医学部、理工学部などサイエンス系の学部の学生たちも多かったのですが、予想以上に若者たちは形而上学的な見解に深い関心を持っていました。

さらに、「初めて死体を見たとき、どう思ったか」について、自由に書いてもらったところ、さまざまな回答が返ってきました。

「寝ているように見えて、思っていたより死というものが穏やかに感じた」
「この世の中に永遠なものはないと感じた」
「触ると冷たくて硬くて石膏《せっこう》でつくった人形のように感じられました。私もいずれ死んだらこのようになるのかと、虚しい気持ちになりました」
「死体が怖かったわけではないのに、涙が止まらなかったのが不思議だった」
「思ったよりふつうでした」
「死んでたまるかと思った」
「人は必ず死ぬんだと、死は逃れられないものだと感じた」

このように、目で見て感じたこと、手で触れて感じたことにとどまらず、もっと深い部分での気づきが生じていることがわかります。

虚無感、恐怖感、無常感などを覚えたり、他者の死でありながら、肉親であったためか、自分の死に置き換えて考えた学生も数多くいました。

若い世代にあって、身近な人の死を経験することは、それ自体がまさに人生や命そのものの学びであり、結果的に彼らの生き方にも影響が生じたといえるでしょう。

《死生観の四相》

私は幼児期の「死ぬのが怖い」という体験のあと、成人してからも、臨床現場を通じて死生観について研究してきました。

約四十五年のあいだに、終末期にある多くの方と面談する中で、私は四つの体系的な「いのちのゆくえ観」（死生観）に到達しました。

患者さんや家族と「死の話」をすることとは、タブーではありません。多くの医療者は「死を語ること」は「闘病中の患者さんや家族を傷つけてしまい、結果的にネガティブな感情だけで終わる」と思っているようですが、むしろ患者さん自身が、「自らの死」を堂々と受け止め、また「死の意味」をどのように感じているかを共有したいと思っている場合も少なくありません。

人が「死を語ること」は、むしろ「死ぬまで、あるいは死後にもこのように生きたい」と思っていることのあらわれなのです。「死の意味を問い、思う時間を共有する」ことは、大切なケアなのです。

自由に「死をもの語ること」は、NBM（ナラティブ・ベイスト・メディスン：もの語り医療）につながります。NBMには作文、作詞、読書、詩歌、朗読なども入ります。人が自分の死をどう受け止め、どう希望するかということを発表する手段はさまざまなのです。

多くの患者さんや家族の具体的な悩みや苦悩を傾聴しつつ、私は「自分のいのちのゆくえ」を語り合ってきました。

その対話の中で、登場する本質的な死や死後の死生観の類型が次の四つです。

①いのちはこの世限りで、あの世や魂などはない。
②肉体とは別に死後生（魂や意識体）があって、輪廻《りんね》（生まれ変わり）をする。
③子ども、孫のDNAや遺伝子に受け継がれていけばそれでよい。
④自己を超えて大きな生命体（サムシンググレート、神、仏、天、先祖）、あるいは大自然、宇宙性に融合、統合する。

では、この四つの死生観を具体的にみていきましょう。

《①いのちはこの世限りで、あの世や魂などはない》

「人は死ねばゴミになる」と言った方が、元検事総長でおられた記憶があります。後述する立花隆氏も「遺体はゴミとして捨ててくれ」と言って死にました。

本当に、人は死んだらゴミになるのでしょうか。私はこの発言を聴いたときに少し悲しくなりました。

肉体だって六〇兆もの細胞を一所懸命動かして、寿命の尽きるまで頑張ってくれたのです。そんな細胞に感謝こそすれ、ゴミ扱いでは申し訳ないことです。

肉体生命が死ねば、魂など何も残らず無に帰するという考え方を**「唯物論的な思考」**といいます。唯物論とは主に「生命が物質と物理的現象のみによって説明できるとする還元的機械論」です。この考え方は、個人の意識や存在を物理化学的な現象として理解し、そうした見方を科学的ととらえる枠組みでもあります。

近代医科学も、実は、この機械論的医学モデルを基に発展してきた経緯があり、科学者や医学者にはこの考え方をベースにしている人が多いようです。

死後には何も残らないので、死後の世界について考える必要はない。この世に生きて起こっていることがすべてであり、死で完結する――という考え方です。

これは現代人の半数近くが抱いている死生観ではないかと思われます。

しかし、東日本大震災やコロナ関連死を契機として、この考え方から変化する人も見受けられます。

最近ではこの唯物論的思考から、よりホリステック思考（全体論的な思考）やスピリチュアル思考を希求する方が、私の周りの医療介護者を含めて確実に増えているように思えます。

《②肉体とは別に死後生（魂や意識体）があって、輪廻（生まれ変わり）をする》

この考え方は、多くの日本人がなんとなく日ごろから感じている死生観のようです。死んでも何も残らないのではなく、肉体生命の他に、肉眼では見えないけれども、魂のようなものが永続するということです。

二〇一〇年十一月四日付の朝日新聞「死生観を問うアンケート」全国調査からは、「霊魂が残ると考える方四六％」「霊魂が残らないと考える方四二％」という結果が報告されています。この報告では霊魂が残るとする意見がやや多いようです。読売、朝日、毎日新聞などの調査から独自の死生観を研究している東北大学の鈴木岩弓《いわゆみ》氏は、二〇〇三年の調査で「死後霊魂を信じる」割合が五三・四％であり、「信じない」二〇・四％を大きく上回っていることを報告しています（鈴木岩弓「東日本大震災時の土葬選択にみる死者観念」座小田豊・尾崎彰宏編『今を生きる——東日本大震災から明日へ！復興と再生への提言——1 人間として』東北大学出版会、二〇一二年）。

また、戦争や大災害などの体験が、死後霊魂を信じるか否かに影響を与えることがわかっています。

前出の岡部医師は、無宗教の医師は全体（国民）の一部であり、大多数の医師は、患者、家族にとって何らかの宗教的ケアが重要であると認識していると述べています。鈴木氏は、一般のカウンセラーと比較して、「死後や霊魂の話ができることが、宗教者と医師の最大の違い」「死がすべての終わりではない、という価値観を語れる宗教者にしか担えない役割がある」として臨床現場に宗教者を導入する必要性を説明しています。

これらの取り組みが東北大学で「臨床宗教師」の養成が始まるきっかけとなっています

（『宗教情報』二〇一二年：http://www.circam.jp/reports/02/detail/id=3177）。

《③子ども、孫のDNAや遺伝子に受け継がれていけばそれでよい》

この死生観は前項のものとは視点が幾分異なっていますが、自分のDNAや遺伝子を後世の子孫に伝えておけば安心であるという価値観です。結婚や出産子育てを前提した思考です。

自分自身の永世というよりは、あとの子孫や人類に託していくという希望的意志のあらわれでもあります。

この選択をした人と①の「死後の魂はない」という価値観の人と共通している点は、科学的生命観を重視しているところです。

遺伝子やゲノムの研究は近年において飛躍的に進んできています。ノーベル生理学・医学賞を授与された京都大学iPS細胞研究所名誉所長の山中伸弥教授によるiPS細胞の誕生もその一つです。

遺伝子研究の先駆者で筑波大学名誉教授の村上和雄氏の研究の功績は、六〇兆個のヒトの細胞やDNAの働きをわかりやすく世に広めたことにあります。その六〇兆もの細胞の一つひとつのDNAが、なんと三〇億もの「化学の文字」が伝える情報を保持しているという驚きの研究報告です。

このDNAの重さはわずか一グラムの二〇〇〇億分の一で、その幅は、一ミリメートルの五〇万分一という超極小の細長い糸のようなものです。情報を本に換算すると、一ページ一〇〇〇字で一〇〇〇ページの本一〇〇〇冊分に相当するといいます。しかもヒトの細胞は、意識の如何《いかん》によって左右されるということです。

特にこの研究で重要なことは、悪い遺伝子をOFFにして、よい遺伝子をONにすることによって、どんな境遇や条件を抱えた人でも「心の持ち方」でプラスに作用できるということです（村上和雄『サムシング・グレート――大自然の見えざる力』サンマーク文庫、一九九九年）。

《④自己を超えて宇宙性に統合する》

この死生観は、個人のパーソナリティや魂が永生するというよりは、個がほどけて全体に溶け込むような感覚です。

心理学などの学問的な表現をするならば、個の超越性や拡張意識によって、宇宙性に融合する死生観です。大いなる神の意識、仏の意識と同化もしくは統合していくという考え方であり、神とか仏という宗教的な意味合いに抵抗を覚える科学者は、**「サムシンググレート」**と表現したりします。

日本人には家族の誰かが死ぬと先祖の霊となって、家族を見守る存在になるという他界観を持つ方が多く、「仏さまに見守られる」という感覚の中に、先祖の霊にも見守られているという心情が含まれることが多いようです。

これらの意識構造は、近代の心理学では、マズローが提唱したトランスパーソナル心理学（宇宙性への融合など、個を超越したものが人間の心理に与える影響を研究する心理学）であり、アメリカのケン・ウィルバーなどによって研究が深められたインテグラル・スピリチュアリティ（宗教的伝統と科学的合理性を統合させた精神性）の世界観に代表されるものです。

大いなるものと意識を融合させることを求めるスピリチュアリティには、もはや国境はありません。民族、宗教、信条、性別、年齢などを超えたところでつながっているいのち観です。仏教もキリスト教もイスラム教も最終ゴールはここを求めていると思います。

すなわち、人類を含めた生きとし生ける者（動物、植物、鉱物）は宇宙的な一つのいのちの中にあるといういのち観です。

第三章

日本の死生観

《古代日本人の死生観――ケガレの発想》

日本人の宗教観には、その基層を成す思想があります。

これは縄文弥生から日本に脈々と受け継がれる思想を指します。歴史学者の岡村道雄は『縄文の生活誌』（講談社、二〇〇二年）で、「（縄文人は）草木、動物から雨、風、火、水などにいたるまで、あらゆる自然物・自然現象や、人工物である道具や家・建物・水場《みずば》などの施設にも精霊《せいれい》が宿ると考え、その威力を崇拝する『アニミズム』があった」と述べています。さらに、「これらを崇拝する気持ちを具体的な儀礼として表わす行為には『日を決めて神と人との交渉を具現する儀式』、すなわち神に奉《たてまつ》ることである祭りがある」として、古代人の生活に、祭りを通じての祈りが密接な役割を果たしていたことを説明しています。

さらにその祈りの持つ意味について、同書では「超自然的で不可解なことを解消し、さまざまな願いを成就《じょうじゅ》するために、縄文人は、祈りを捧《ささ》げていたらしい。森羅万象《しんらばんしょう》に生命、精霊が宿ると考え、神格化した、あるいは人と同等な生き物に畏敬《いけい》の念を持ち、その心を静め、災いを避けるために祈った」と述べられています。

日本においては、死後の世界を「他界」「あの世」などといいます。

他界とは「死ぬ」という意味と「死んだあとの世界」という二つの意味を持ちます。

日本の他界観は四〜五世紀頃から存在しており、むしろ古代の人々のほうが、死後の世界を真剣に考えて、生活の中のさまざまな風習や儀式に取り入れていたといっても過言ではないでしょう。

『古事記』や『万葉集』などの文献から、日本人の死生観を研究した梅原猛氏は、日本人の「あの世観」として、人間は死んで山（自然）へ行き、天に帰るという古代からの考えと、死んで極楽へ往くという仏教的な考えがあることを説明しています。

日本人は「死ぬ」ということをどうとらえてきたのか、少し長くなりますが、大事なところですので、歴史を紐解きながらみていきましょう。

日本人の他界観がよくわかるのが、『古事記』に登場する有名な伊邪那岐《いざなき》神と伊邪那美《いざなみ》神の話です。簡単に顚末《てんまつ》を述べると、夫である伊邪那岐神が、あの世（黄泉《よみ》の国）へ行ってしまった妻の伊邪那美神を連れ戻そうと、黄泉の世界へ入ります。

この「黄泉」という字はもともと大陸から入ってきた言葉で、五行では「土」に当たり、「地中の泉」という意味です。そんなに深い土中ではなく、古墳の「石室」や「殯《もがり》」のような暗い場所を表すようです。

黄泉の世界に入った夫は、「決して見てはいけない」という約束を破って妻の姿を見てしまいます。すると容姿麗《うるわ》しく可愛いはずの妻の形相《ぎょうそう》が化け物（腐乱している人間）のようになっており、夫は驚いて一目散に逃げ出し、追いかけてくる妻を振り払うのです。

日本人が死を忌み嫌う歴史的根拠は『日本書紀』にもあり、蛆《うじ》が湧いて腐乱していく死後の肉体に対する怖れや、不浄感を抱いたことから、このような文化が生まれたものだと考えられます。**ここから穢れ（ケガレ）の概念が生じたといえるでしょう。**

「ハレとケ」については、「ハレ＝清浄性、ケガレ＝不浄性」ととらえる解釈と「ケガレ＝ケ（生命力・霊力）が枯れた状態」などの解釈があります（門屋温「日本人は死をどう捉えたか 日本人の死の観念」吉原浩人編『東洋における死の思想』春秋社、二〇〇六年）。

死産が多かった古代の日本人が、血から死を連想し、わざわざ出産の場所を母屋《おもや》から離して産屋《うぶや》を建てた文化も、その影響を受けたものです。

また日本の文化として、過去、現在、未来にわたってのさまざまな通過儀礼がありました。それらは人の成長や家族のつながりを確認するものになっていました。

現代でも地方に残っている風習として「葬儀から帰ったら、玄関先で塩を身体にふってケガレを払う」ということが行なわれています。

これは古代の「ハラエキヨメ」の習慣からきているようですが、清浄な状態が、ケガレによって汚染されたからハライキヨメルのではなく、ケガレをハライキヨメルことによって、初めて清浄な状態がつくりだされるというものです。

このことは、神社でお祓《はら》いを受けるときの考え方につながっているといえます。

葬儀の儀礼に組み込まれていても、**仏教にケガレの思想がもともとあるのではなく、日本に入ってきた道教の思想や、日本文化と相混じって、風習をつくりだしてきたとみるのが正しいようです。**

密教の洒水加持《しゃすいかじ》（頭に聖水を注ぐ儀式）なども、ケガレているからお加持をするのではなく、本来人間が持っている隠れた菩提心《ぼだいしん》（仏心）を呼び起こす作法にほかなりません。

人はケガれた存在でなく、仏になる素晴らしい能力を持っている存在ですが、普段は内在し隠れているので、発心《ほっしん》（発露）するための機会が、儀式や修行に設けられているのです。

《沖縄群島の死生観――天上の「オボツカグラ」と海上の「ニライカナイ」》

沖縄群島では、古代から近代の死生観を、現在に残された遺跡や習俗などから辿ることができます。

南西諸島は「琉球弧《りゅうきゅうこ》」とも呼ばれており、沖縄本島や八重山《やえやま》諸島に連なる群島の死生観は、本土の基層文化の源流を想起させつつも、独自の死の風景があります。

沖縄地方の死生観を「水神信仰と儀礼」、「農耕儀礼と祭祀」、「来訪神と他界信仰」から考察した、比較基層文化論などが専門の須藤義人氏は、琉球弧は、基層文化のコスモロジーを共有し、大自然と人間とが融合しつつ大陸文化の影響も受けながらも独自の死生観を形成してきたと述べています。

沖縄においては天上の神国を「オボツカグラ」といい、海上の楽土を「ニライカナイ」と呼んでいます。神は、日常は「オボツカグラ」と「ニライカナイ」に座していて、祭祀のときに、地上のウタキ（御嶽）やイビ（威部）に降臨するのです。

そのときは祖霊も一緒に降りてくるという信仰もあり、その聖霊と人間のあいだに入って、祭祀を司る役目の女人を「ノロ」（祝女）や「ユタ」が担います。八重山地方では、「司」（ツカサ、カンツカサ）と呼ばれています。

どちらも聖霊や祖霊との交信に活躍しますが、ノロは集団や社会全体の祭祀に関係します。ノロの役割はニライカナイの通し神（日の神）を通じ、御嶽で拝むことで領主の繁栄、村落の平和、五穀の豊穣、航海の安全を祈ることです。ノロのトップは、古琉球時代の聞得大君《きこえのおおきみ》で、祭祀を司り、王政において重要な役割を果たしたのです。

これに対してユタは、人々の個人的な祈りを行ないます。村の物知りであり、占い役だけでなく、まじないで病気を治す重要な存在でした。建物の新築や船の新造の際には、コメや酒を献じて占いを行なったのでした。

シャーマンとしてのノロやユタが、今も琉球弧の群島で活躍していることは、古代の基層文化に女性祭祀者である「卑弥呼」との相関性を感じます（須藤義人『神の島の死生学——琉球弧の島人たちの民俗誌』芙蓉書房出版、二〇一九年）。

家族に見守られて死別した霊魂は、ニライカナイへ向かうのです。

多くの離島では近年まで、決められた場所にそのまま遺体を置いてくる風葬や、墓地に安置するけれども埋葬の数年後に洗骨をするという長い期間に亘る風習を経て、家族が死を受

ガジュマル林のウタキで祈るユタ（2023年、沖縄にて著者撮影）

容することが一般的でした。

その風習で作られる特徴のある墓は「亀甲《かめこう》墓《ばか》」と呼ばれています。子宮の形をしているのですが、それは人間が死ぬと生まれてきた母親の胎内に戻っていくという意味なのです。亀甲墓の前は、子孫が集まって祈りや会食ができるようになっており、祖先とのつながりが重視されています。

地域によって葬送儀礼や祖先崇拝は一様ではなく、それぞれ伝統が大事にされているといえますが、共通するのは、洞窟葬の風葬墓であることです。そして洗骨によって、魂を浄化し、死穢《しえ》を消滅せしめようとする意図や願いが込められている点だといえます。

このように、琉球、八重山諸島ではこの儀

礼を通じて、先祖の魂はニライカナイやオボツカグラという世界へ行けることを至心で祈る文化があったといえましょう。

《儒教の死生観——死後の世界のことはあまり考えない》

日本の仏教生活に欠かせない「仏壇」「位牌」は、仏教のオリジナルと思っている人が多いかと思います。しかし前述しましたが、この文化はもともと仏教にあるのではなく、中国大陸での儒教や道教の風習に由来しているのです。日本は飛鳥時代から中国や朝鮮半島から輸入された儒教、道教、仏教を大切にしてきました。したがって、日本の文化や風習、あるいは死生観にもその三つはかなりの影響を与えているといえましょう。

儒教は孔子を祖とする教えで、仏教より早い時代に日本に伝わったとされ、律令国家のしくみや官吏養成にも影響を与えました。さらに儒教の倫理思想は、時代が下って武士の精神や生きざまにも影響を与えました。

「儒教における死の思想」（吉原浩人編『東洋における死の思想』春秋社、二〇〇六年所収）を書いている土田健次郎氏によると、論語の中にその死生観をみることができるようです。

「死生」や「生死」という言葉は、『論語』の「顔淵篇《がんえんへん》」に、「子夏曰く、商《しょう》これを聞けり、死生、命あり（死生の別も運命である）」との記述があり、生死の定めは運命であり、自分から決められないことが語られています（貝塚茂樹訳『論語Ⅱ』中公クラシックス、二〇〇三年）。

また、『先進篇』には、

「孔子の弟子である季路（子路）が先生（孔子）に鬼神（霊魂）につかえることを聞いたところ、『まだ生きている人につかえられないのに、どうして死者の霊魂につかえることができるのか』と答えた。また『死とは何でしょうか』という問いに、『まだ生を知らないのに、どうして死を知ろうかね』と答えた」という話があります。

これは、**不確定な死を考えるより、生を問題にするべきである**という諭しともいえましょう。

儒教の流れでは、葬送儀礼は重視されながらも、死後の世界、霊魂のゆくえや死者の鎮魂といった議論はあまりみられず、むしろ死者に対する子孫の態度などの倫理性が重視されています。

人間の霊魂の永続を個人単位でみずに、血統を重視する傾向にあるのです。したがって、子々孫々に受け継がれる祭祀の連続性によって、霊魂の永遠性を保とうとする死生観といえましょう。日本文化の中の「墓守りは長男がするべき」などの観念に結びつくものだといえるでしょう。

また死後の霊魂は、「魂《こん》」と「魄《はく》」に分かれ、魂は天にのぼり、魄は地に帰していくとされていいます。死後に遺体を土中に埋めて墓を作ると「魄」が宿り、魂は自宅に備えられた「祠堂《しどう》（霊壇）」に安置された「神主（位牌）」に宿るとされます。

つまりこの文化が、南北朝時代に禅宗などを通じて日本に輸入され、仏教の儀礼と融合して、「仏壇」「位牌」が祖先祭祀で運用されたとみるのが正しいと思われます。

日本では江戸時代に「宗門改」が行なわれてキリスト教が禁止され、「寺請《てらうけ》制度」で一人ひとりが地域の寺に檀家として登録されました。その影響で、自宅での仏教祭祀が奨励され仏壇や位牌の文化が日本中に広がったのです。

儒教の教えでは、倫理的、道徳的な生き方が重視され、肉親の死を悼《いた》み鎮魂する心情的な側面は少ないように思えます。

「祈りや鎮魂儀礼」は仏教や道教の中に、深く継承されたといえましょう。

ただ儒教で最高道徳として重要視された「仁」の教えは、他者に対する憐れみや思いやりを意味しており、それが死者への追悼の思いにも波及しました。

《道教の死生観――燈籠流しの風習は陰陽道から》

一方の道教は、中国の漢民族を中心とする宗教で、後漢後期に発生し、五世紀に大成されたといわれています。道教は、神仙思想があることで知られていますが、儒教とともに日本に入ってきて、神道や仏教、山岳宗教などにも影響を与えました。

近年の中国、とりわけ中華人民共和国では「文化大革命」の折に、過去の思想や宗教は抹殺されたといっても過言ではないくらい、弾圧の対象になりました。

そのときに多くの宗教的な道具、仏像や経典類、思想書などはことごとく灰燼《かいじん》に帰したのです。しかし、民衆の心には信仰や祈りは継承され、近年は共産国家でありながら、細々と復興しています。

現在中国の若者たちが、漢文で書かれた空海さんの書物を手に、高野山へ密教を学びにきています。

道教の教えは、老荘思想の流れを汲むものですが、おもしろい記述が北宋の邵雍《しょうよう》の『死生吟』にあります。

「神仙の術を学び不死を願い、仏教を学び再生を願う」（土田健次郎「儒教における死の思想」）。「神仙の術」とは不老不死の仙人を目指す道教のことであり、「再生」とは輪廻転生でインドの輪廻思想を踏襲する仏教のことを意味します。

道教も仏教も個体霊魂の永続性を唱えるので、亡き肉親の霊魂の安寧を願う人々は、儒教より道教や仏教に救いを求めたことは想像に難《かた》くないことです。

道教が仏教を手本に『霊宝経《れいほうけい》』などの経典を作成し、一般信徒には治病や死者救済を目的とした儀礼を整備していきます。そこでは「元始天尊《げんしてんそん》」という最高神格を想定し、発展していきます。

死や死者に対する考え方において、仏教と大きく異なる点は、**道教は死の原因を「罪」にあるものとして、そのような死者の罪を天に願って、特赦《とくしゃ》されることで死者が救済されると説く点です。**

道教の多くの碑文には、種々の神々に降臨を請い、死者を冥界から救出して、罪から解放されることを願う内容が見られます（土田健次郎「儒教における死の思想」）。

後に仏教でも語られる「地獄極楽の世界」を描いた『十王経《じゅうおうきょう》』は、道教の影響を多分に受けていると考えられ、インド仏教の死生観とは大きな違いがあります。

地獄で罪を裁かれる死者たちが、その苦しみに堪えかねて、自己の苦しみを子孫にふりむけようと考える天師道《てんしどう》（五斗米道《ごとべいどう》）の発想は、日本で祖先崇拝を強要させる理由に採用されていると思われます。

「あなたの先祖が地獄で苦しんでいるから、先祖供養を熱心にしなさい」という教説が、人々の死に対する恐怖心に付け込んで、布施の名のもとに金銭を要求することにつながり、霊感商法にまで発展するケースすらありました。これは正しくありません。

道教は、春秋時代に始まったといわれる**「陰陽五行説《いんようごぎょうせつ》」**なども手掛かりとして、民間へ浸透していき、その影響は日本にも伝わり、独自の発展をしました。

陰陽五行思想は、日本の年中行事にも強い影響を与えています。律令制時代には、「陰陽寮《おんようりょう》」が置かれ、陰陽師《おんみようじ》などが天文、暦、風雲の気色のすべてを監督したといわれています。

正月に門松を飾ったり、とんど祭り（どんど祭り）をしますが、これも陰陽道から来る風習です。お盆に水祭りとして燈籠《とうろう》流しなどが行なわれているのもこの影響です。陰陽のバランスをとるためにとんどは水辺で行なわれ、燈籠流しでは火を灯した舟を水に流すというのもその理論に適っているのです。

日本の文化は、このように儒教、道教、そして仏教の影響を受けて独自の発展を遂げてきたのです。

《仏教(日本)の死生観》

仏教は今から二千五百年前に、現在のネパール領のルンビニでシャカ族の皇子として生まれたブッダ（ゴータマ・シッダルダ）、のちの釈迦牟尼世尊《しゃかむにせそん》によって開かれました。

当時のインドは、バラモン教によってつくられたカースト制度によって人々は、階級社会に生きていました。

その中でブッダは、**「すべての人は身体も精神も本来自由である」**という新しい思想を、インド社会で展開します。

ブッダの教えは「四諦八正道《したいはっしょうどう》」「縁起《えんぎ》思想」などを中心として、一般に四法印《しほういん》と呼ばれる「諸行無常、諸法無我、一切（五蘊《ごうん》）皆苦、涅槃寂静《ねはんじゃくじょう》」を教えます。

四諦は苦諦《くたい》、集諦《じったい》、滅諦《めったい》、道諦《どうたい》の四つの真理、八正道は悟りの境地に至るための八つの正しい行い、正見《しょうけん》、正思惟《しょうしゆい》、正語《しょうご》、正業《しょうごう》、正命《しょうみょう》、正精進《しょうしょうじん》、正念《しょうねん》、正定《しょうじょう》です。縁起思想は、あらゆるものが因縁《いんねん》によって生じるという考え方です。

諸行無常は、世の中のいっさいのものは常に変化・生滅してとどまらず、永久不変なものはないということ。諸法無我は、あらゆる事物は因縁によって生じ、不変の本性である我は存在しないという考え方。一切皆苦は、執着すると苦になるということ。涅槃寂静は、悟りの世界が絶対の静けさ、平和で安らぎの世界であることを指します。

そして当時のインド社会では常識といわれた輪廻転生をも超える境地である「悟り」の世界を説きあらわし、多くの信奉者を生むことになります。

仏教では「無我」を根本とするので、輪廻や霊魂や死後の世界に関する話題は「無記」(『中《ちゅう》阿《あ》含経《ごんきょう》』の中の箭喩経《せんゆきょう》』)として、紹介されています。当時のインドでは輪廻は常識的に認識されていたことを示します。

ブッダは、それらの問題に悩むことは「我執」という執着であり、その執着を手放すことが大事だと諭したのです。したがって決してあの世が無いともあるとも断言しなかったとされています。

私はこのブッダの「死後観」について、次のように解釈しています。

・輪廻はあるが、その苦しみから解放されることが大事

・悟ることで、輪廻の循環から解放され、別の次元に移行する

というものです。

輪廻については後ほどまた解説したいと思います。

ブッダ滅後は、仏教は北伝（北方に伝わったルート）としてネパール、ブータン、チベット、中国、ベトナム、韓国、日本に大乗仏教、金剛乗《こんごうじょう》（密教）が伝播します。また南伝としては、スリランカ、ミャンマー、ビルマ、タイなどの国々に南方上座部《じょうざぶ》仏教が伝播します。

仏教の伝播には、オリジナルのインド仏教そのままで広がるのではなく、根本思想を基調としつつも、その伝播した国の文化と融合して広がるという特徴があります。

したがって、仏教を語るときには「どの国の仏教か」を明確にしないと、正しく伝わらないことになります。

たとえば、仏教瞑想はインド時代にシャマタ、ヴィパッサナーとして展開しますが、「観身、観受、観心、観法」を伝える初期経典の『入出息念経《にゅうしゅっそくねんきょう》』（ānāpānasati-sutta）は、中国語（漢文）に翻訳されて『仏説大安般守意経《ぶっせつだいあんはんしゅいきょう》』になります。

その中で、「守意爲道」つまり「念を道と為す」とありますが、漢訳経典に「道（タオ）」という字が使用されるようになったのは、中国の老荘思想が影響しているものと思われます。

また「シャマタ、ヴィパッサナー」も、天台宗の修行法「観心」について説く『摩訶止観《まかしかん》』において、止観行として大成していきます。止が奢摩他（シャマタ）、観が毘婆舎那（ヴィパッサナー）です。

つまり仏教が、当時の中国の人々に受け入れられやすいように、儒教や道教で語られる言葉や思想文化と融合させているのです。

このようにして、仏教は朝鮮半島を経由して日本に入ってきます。

日本に仏教が伝わったのは、五三八年または五五二年といわれています。いずれにしても朝鮮半島や中国大陸との交易の中で伝来したもので、百済《くだら》の聖明王《せいめいおう》が仏教をもたらしたことが『日本書紀』などに書かれています。

日本に伝わった仏教は飛鳥、そして奈良の都で栄えます。日本における仏教の社会慈善事業は、六世紀中頃から行なわれ始めました。

奈良時代から平安初期の時代における、人々の仏教信仰を描いたとされる景戒《きょうかい》の『日本《にほん》国現報善悪霊異記《こくげんぽうぜんあくりょういき》』（『日本霊異記』）には、看病をする僧とその平癒を祈る僧の姿が記載されています。

当時の法律である『医疾令《いしちりょう》』には、七一七（養老元）年に僧による医療が行なわれ、看病比丘《びく》（僧）や看病比丘尼は、病気の治療だけではなく、病気の治癒を祈る行為も看病として行なわれていたことが記録されています。つまり病人のために飲み薬を施し、身体をケアし、時には祈るという仏教的なケアを実践していたことが歴史的事実として浮かび上がってきます。

人々が祈った奈良飛鳥の時代の仏さまは、聖観音《しょうかんのん》や薬師如来など、慈愛を持った仏像が多くいらっしゃいます。

そのやさしい微笑みをたたえている仏さまに、手を合わせると、ささやきかけてくれるような感覚になります。そこには、生活苦にあえぐ人々に、仏の救済を説いて、少しでも心が安らいで生きることができるようなしくみの必要性を感じた聖徳太子の後ろ盾があったといえましょう。

仏教を保護した一方で聖徳太子は「日本社会事業の父」と呼ばれ、五九三（推古天皇元）年に四天王寺に四箇院《しこいん》制度を創建しました。四箇院とは敬田院《きょうでんいん》、施薬院、療病院、悲田院《ひでんいん》を指し、敬田院は仏教修行の場、施薬院は薬を提供、療病院は医療を提供しました。悲田院は病者や身寄りのない者を収容する施設です。

太子は当時の朝鮮（高句麗）から渡来していた慧慈《えじ》から仏教を学び、仏教を生きる心の拠りどころとして深く学び、やがて七二三（養老七）年には、庶民を救済する具体的なケアの場として興福寺に「施薬院、悲田院」、法隆寺に「療病院、敬田院」などを敷地内に建てて、そこで多くの病人や貧窮者を手厚くケアしたのです。

歴史的な事実として、日本で最初の養老施設、ホスピスはこの時代に建てられたということになります。**身体的ケアと精神的ケアが、千三百年も前の日本で粛々と実践されていた事実を現代人は注視すべきです。**

ところが平安時代になると、政権闘争や自然災害などが顕著になって、人々はさらに困窮し、安らぎが保てなくなり、社会不安が蔓延《まんえん》します。奈良仏教の影響を逃れるように、都は長岡京、平安京と場所を遷《うつ》していきました。新しい都づくりを目指した桓武天皇は、新しい思想を求めていました。そこに空海や最澄が、大陸から新しい仏教である密教を伝えました。

《空海の死生観》

私が四十年近く住職（今は長老職）をした飛驒千光寺は、真言宗です。そして私が修行した高野山は、千二百年前に空海さんが開きました。

弘法大師すなわち空海さんは、日本に真言密教をもたらした偉大な宗教家であるばかりでなく、社会事業家としてもさまざまな業績を残されている方なのです。この方の死生観を抜きにして、本書はあり得ないのです。

空海さんが導入した密教には、それまでの死生観を一変させる秘法がありました。**「即身《そくしん》成仏《じょうぶつ》」という、生きたまま仏になるという教え**です。

そもそも密教は「秘密仏教」の略になりますが、決して何もかもベールに包んで見せないという意味ではありません。私はこの秘密とは、**「深い密度を持った悟りの秘宝」**と解釈しています。

つまり人間が悟るという自覚作用は、文字で簡単に表せない深遠な意識状態であり、表現が難しい心の宝の世界であるということです。

たとえば、シュークリームを食べたことのある方は、目の前に現物がなくてもその甘さや触感を思い出して、美味しさの感激を再現することができます。しかし、これまでシュークリームを食べたことのない人に、その美味しさをわかってもらえるように言葉で説明するのは至難の業です。

これと同じように、密教の悟りの奥深さを言葉で説明するのは難しいので、「密教」というのです。

伝統的には密教は、マントラヤーナ（Mantrayāna）、ヴァジラヤーナ（vajrayāna）と呼ばれ、その定義として「密教とはインド大乗仏教の最終段階において展開された神秘主義的・象徴主義的・儀礼主義的な傾向の強い仏教」とされています（松長有慶『密教』岩波新書、一九九一年）。

つまりもともとはインドに起こった仏教の中でも、神秘的で儀礼を重んじる仏教であるといえます。

金剛乗《こんごうじょう》ともいわれ、主にインドからチベットに伝わったチベット密教などが世界的には有名です。日本の密教はインドで八世紀に起こったものが主体で、中国を経て韓国、日本へ伝わった中期密教となります。

空海さんは、能書家としても「日本三筆」の一人として有名です（他の二人は嵯峨天皇、橘　逸勢《たちばなのはやなり》）。そしてたくさんの、密教の教えを説くための漢文の著書を著しました。代表的なものだけを挙げると『三教指帰《さんごうしいき》』、『弁顕密二教論』、『即身成仏義《そくしんじょうぶつぎ》』、『声字実相義《しょうじじっそうぎ》』、『秘密曼荼羅十住心論《みつまんだらじゅうじゅうしんろん》』、『秘蔵宝鑰《ひぞうほうやく》』、『般若心経秘鍵《はんにゃしんぎょうひけん》』、『吽字義《うんじぎ》』などの密教の専門理論書だけでなく、『聾瞽指帰《ろうこしいき》』、『風信帖《ふうしんじょう》』など国宝の墨書もあり、『文鏡秘府論《ぶんきょうひふろん》』、『性霊集《しょうりょうしゅう》』など中国の文学理論書や重要な論書を編集したものもあります。まさに天才と呼ぶのにふさわしい方です。

空海さんが説いた真言密教の中心となる教えが「三密行《さんみつぎょう》と三密加持《さんみつかじ》」です。三密とは身密、語密、心密です。身体と言葉と精神作用を統合して修行することが三密行なのです。

その身体と言葉と精神作用の行を通じて到達する目標が「即身成仏」なのです。即身成仏に至るまでの修行の総称が「三密加持」です。

「即身成仏」とは、もともとインドで大乗仏教を展開したナーガールジュナ（龍樹菩薩《りゅうじゅぼさつ》）が著したという『菩提心論《ぼだいしんろん》』にある言葉で、密教の中心的な教えとされています。そこには「父母から生まれた肉身のままで、速やかに大いなる仏の境地を得ること」が説かれています。

もともと仏教という言葉の意味も「仏に成る教え」であり、成仏を目的としています。密教はそこに注目し、「永い長い修行を経て仏になる」のではなく、この身をもって「生きているうちに仏になる」教えなのです。この世で仏としての本性を悟るということですね。

空海さんが自らの死生観をつまびらかにしている記述が『秘蔵宝鑰《ひぞうほうやく》』にあります。

生まれ生まれ生まれ生まれて、生の初めに暗く、
死に死に死に死んで、死の終わりに冥《くら》し。

人間は、この世に何度も何度も生まれては死に、生まれては死にという輪廻を繰り返している。

しかし、人間としての生命の神秘や本質を知るまでにはいかない。（意訳）

ここから読み取れることは、空海さんは人間が輪廻転生する存在であることを認めていることです。

空海さんは、偉大な聖人と呼ばれますが、実はとても人間的な側面もありました。ご自身

の甥《おい》に当たる僧智泉が三十七歳で亡くなったときの別れの文（嗟嚫文《たつしんもん》）では、別離の悲しみを最大限に表現しています（『性霊集』巻八『定本弘法大師全集』八）。


哀れなる哉、哀れなる哉。哀れが中の哀なり。

悲しい哉、悲しい哉。悲しみが中の悲なり。

哀れなる哉、哀れなる哉。また哀れなる哉。

悲しい哉、悲しい哉。重ねて悲しみ哉。


人目もはばからず、慟哭《どうこく》しておられる空海さんのお姿が思い浮かびます。

しかし、嘆き悲しむだけでなく空海さんは、その愛別離苦《あいべつりく》を乗り越える道しるべもちゃんと示されたのです。その人間苦を脱するには、祈りが大事であると説きます。

別の「仏経を講演して四恩の徳に報ずる表白」（『性霊集』巻八）では、

此に死し、彼に生じて、生死の獄出《い》で難く、……

善知識善誘の力、大導師大慈の功に非ず自りんば、何ぞ能く流転の業輪を破し、常住の仏果に登らん。

この世で死に、のちの世に生まれかわるといった生死輪廻の迷いから抜け出すことは難しい……。

正道を説き、人々を仏道に導いてくださる方のよき善導の力、大導師たる仏の大慈悲の功徳によらなければ、われわれはどうして、この生死輪廻の業苦《ごうく》の世界を打破できようか、できはしないのである。（意訳）

として、生死輪廻の苦しみの解決はすぐにはできないので、大導師である仏の力を借りることが重要であると説くのです。

《成仏するための道しるべ》

そして空海さんは、その輪廻の苦しみを知らない人が、仏性に目覚めて、苦海から成仏する道しるべを示しました。
その方法とは、『般若心経秘鍵《はんにゃしんぎょうひけん》』にある、

無辺の生死を如何が能く断つ、
禅那と正思惟とのみあってす。

限りない生死輪廻の苦しみを断つには、
禅定《ぜんじょう》と正しい智慧《ちえ》に基づいて生きること。（意訳）

というものです。

禅定とは瞑想のことで、心の調和のために日常的に行ないます。
智慧とは、仏智に目覚めて正しき行ないをすることに他なりません。

瞑想は密教で瑜伽行《ゆがぎょう》のことで、身体と心で仏を念誦《ねんじゅ》する「三密加持」といいます。
密教の経典である『大日経《だいにちきょう》』に説く「五字厳身観《ごじごんしんかん》」と『金剛頂経』に説く「五相成身観《ごそうじょうしんかん》」などにあるように、「地、水、火、風、空」の五つのエネルギーを自身に感じつつ、そのまま宇宙大まで広がる融合的心境に至るための瞑想法が瑜伽行なのです。

そのことを『菩提心論』の原文には次のように記しています。


凡《およ》そ瑜伽《ゆが》観行《かんぎょう》を修習する人は、当に須く具《つぶさ》に三密行《みつぎょう》を修して、五相成身《ごそうじょうしん》の義を証悟すべし。

……瑜伽に住して白浄月の円満に相応して菩提心を観ずるがごときなり。


空海さんは、瞑想瑜伽によって心が満月のような純粋で清浄な心となることにより、悟りを得られることを教えました。

その真実の悟りの心を「真」と呼び、死後においてそこへ還ることは「帰真」といいました。

もともと「帰真」という言葉は、空海さんが中国で師事した恵果阿闍梨《けいかあじゃり》の言葉です。

空海さんが悟りの世界に至る心の階梯《かいてい》として示したものが『秘密曼荼羅十住心論《ひみつまんだらじゅうじゅうしんろん》』です。当時の朝廷から、真言密教の教え（教相判釈《きょうそうはんじゃく》）を提出するようにという要請を受けて、コンパクトにまとめあげた『秘蔵宝鑰《ひぞうほうやく》』の中でも、この十住心を詳しく説明しています。

「鑰《やく》」とは「鍵《かぎ》」のこと。つまり、密教の深遠なる悟りの世界を開くという意味なのです。

十住心とは、十種類の心、階層的に進展する心の世界というような意味です。空海さんの住心は①悟り（菩提）に至る道程と②あらゆる思想、哲学、宗教の価値的な位置づけを表現したものといわれています。

この十住心論はとても深い教えですが、凡人にはなかなか理解できないとおっしゃる方もいます。この教えを学んだ方は、おそらく人間が幼児期から成長していろいろなことを知っていくという知識の獲得の仕方とよく似ていると思われるのではないでしょうか。

どんな人間も赤子であったときがあり、最初は食べることや寝ることで精一杯です。物心がついて、自分と他人を区別できるようになりますが、自分に嫌なことがあれば、本能のまま駄々をこねたり、ぐずったりします。

しかしだんだん成長して社会性が出てくると、集団の中での自分の立ち居振る舞いを考えるようになります。知識も豊かになって、学問や仕事も幅も大きく変わっていきます。やがて、自信をもって当たって社会に貢献し、他者と協働して活動します。熟年期には知恵を出して社会に影響を与えることもできます。

こんなふうに人生の過程を考えると、すべては初心から始まって、さまざまな成長があることに気づきます。

空海さんの説いた十住心論は、生死輪廻を乗り越えて、仏性という自心の本質に気づく生き方を教えているのです。

《平安時代の死生観――地獄と浄土》

古来、日本の埋葬といえば、この世とあの世の接点ともなる村外れの洞窟の奥へそのまま納めるか、土葬が主流でした。

六世紀に仏教が日本に入ると、徐々に火葬が行なわれるようになります。その一方土葬の文化が近年まで継承された地区もありましたし、実際飛騨のある地区では昭和の終わりまで土葬をしていました。

日本で初めての火葬は七〇〇（文武《もんむ》四）年、奈良元興寺《がんごうじ》の僧、道昭《どうしょう》の遺骸を火葬に付したこととされています。「膿《うな》沸《わ》き虫流《うじたか》る」死体の腐乱を死穢として、清めていく作業が、「苦の解脱」を説く仏教の教えと同化していきます。

平安時代以降は、高野山や比叡山が、山の宗教である山岳修験道と人々の暮らしの宗教である仏教を融合し定着していきます。高野山も比叡山も、ヒマラヤをモデルにして作られた仏教における須弥山《しゅみせん》（世界の中心にそびえ立つという高山）の再現であり、仏教的宇宙観を意味しています。

火葬された遺骨や供養墓は、高野山へ運ばれて、永遠の平安のための祈りが捧げられました。

「山から仏が見ている」という考え方は、鎌倉時代になって隆盛を極める浄土思想です。西方の山の上から、阿弥陀如来《あみだにょらい》がやさしい眼差しで導いてくださる、金戒光明寺《こんかいこうみょうじ》の「山越《やまごし》阿弥陀図」は有名です。人の終末、寿命のときを待つ者の前に、阿弥陀如来がもろもろの聖衆《しょうじゅ》とともに現れるという描写は、『観無量寿経《かんむりょうじゅきょう》』や『阿弥陀経』として広まり、多くの人々に安心をもたらしました。

死後は忌み嫌う世界ではなく、苦しみから解放された安楽な浄土であるという世界観が、中世以降の日本人に定着するのです（久野昭『日本人の他界観』吉川弘文館、一九九七年）。

「往きて生まれる」と書く往生の他界観は、浄土教の興隆以前に、すでに『華厳経《けごんきょう》』に登場し、そこでは「仏刹《ぶっせつ》を浄むるを聞く者は、必ず清浄《しょうじょう》なる世界に往生することを得」とあり、「蓮華蔵世界《れんげぞうせかい》への往生」を説いたのです。

阿弥陀仏の浄土は『阿弥陀経』などの浄土三部経に詳しいのですが、当時の無学文盲の衆生に対して、難しい仏教の教理ではなく、ただひたすらに「南無阿弥陀仏」とさえ唱えれば、極楽に往生できるというシンプルな教えが爆発的なヒットとなって、中世の日本中に浄土思想として広がりました。

仏教では奈良の時代から、すでに人々の生命観に「六道《ろくどう》」（地獄、餓鬼、畜生、修羅、人間、天上）の輪廻転生の考え方が浸透していきますが、またその上に「四聖《ししょう》」として「声聞《しょうもん》、縁覚《えんがく》、菩薩、仏」を配置して、悟りの世界を表現します。

寺院に掛け軸で祀られる「地獄絵図」や「十王図」は、中国で完成した「十王経」をモデルとしていますが、「勧善懲悪（善を奨励し、悪事を懲らす）」の教えも多分に儒教的色彩を持ちながら、地獄の世界をわかりやすく絵解きとして庶民に伝えました。

地獄は「等活《とうかつ》地獄、黒縄《こくじょう》地獄、衆合《しゅうごう》地獄、叫喚《きょうかん》地獄、大叫喚地獄、炎熱地獄、大炎熱地獄、阿鼻《あび》地獄（無間《むけん》地獄）」を八大地獄として、その世界に落ちることの恐怖心を植えつけて、善行を奨励したのです。

『観無量寿経』下品下生《げぼんげしょう》に、「不善業の五逆十悪を犯した愚人でも、臨終に十念具足して南無阿弥陀仏を称すれば、八十億劫《こう》の生死の罪が除かれ往生できる」と説かれ、この教えが人々の死後の恐怖心に光明をもたらすことになったのです。

後の浄土宗や浄土真宗の祖となる法然や親鸞《しんらん》は、これらの極楽往生を説く経典に依拠しながら、多くの民衆の救済として「悪人正機説《あくにんしょうきせつ》」を積極的に唱えたのでした。

平安末期から江戸時代まで人々に大きな影響を与えたのが、死後の世界や往生のありかたを説いた源信《げんしん》の『往生要集《おうじょうようしゅう》』です。この書は仏教徒の死後観の大きな手本となって、影響

「十王図」（陸信忠画）/ 出典：ColBase（https://colbase.nich.go.jp/）

「地獄極楽絵図」（一部）（飛驒千光寺）

を与えました。

徳川家康の旗指物に掲げられた「厭離穢土《おんりえど》、欣求浄土《ごんぐじょうど》」は、地獄の世界を脱して、極楽往生を願う当時の人々の心を反映したものといえましょう。

私が住持する飛騨千光寺にも、極楽門前に「地獄極楽絵図」が描かれた「十王堂」があって、飛騨の人々は「悪いことをすると千光寺の地獄絵図へ連れて行くぞ」と子どもをしつけたという言い伝えがあります。

死後の世界に対する思いや、魂が仏の助けを受けて往生したり輪廻（再生）したりするという思考は、古代、そして中世の死生観として私たちの深層意識に定在しているといえます。

《禅宗の死生観――死後の世界を語ることは、迷いの世界に居ること》

一方で鎌倉時代には、武士の帰依を受けて禅宗が盛んになります。

日本では、道元の曹洞宗、栄西の臨済宗があり、さらに中国から帰化した隠元隆琦《いんげんりゅうき》が黄《おう》檗宗《ばくしゅう》を創設します。インゲン豆、煎茶《せんちゃ》、精進料理の一種である普茶《ふちゃ》料理などは、この禅僧隠元のもたらしたものといわれています。

そして禅宗では、達磨の四聖句とされる不立文字《ふりゅうもんじ》・教外別伝《きょうげべつでん》・直指人心《じきしにんしん》・見性成仏《けんしょうじょうぶつ》というように、言語的・論理的な説明や解釈よりは、行動的な修行を重視しています。

理論的な解釈をする分別智《ふんべつち》を迷いそのものであるとし、坐禅《ざぜん》を中心とした修行を通じ、無分別の智慧に到達することを目指します。

また初期仏教・上座部仏教にはみられない日本の禅仏教の特徴として、僧侶の清掃、畑仕事、調理などの労働行為を「作務《さむ》」と呼び、積極的に修行の一部とすることが挙げられます。

禅宗では死後の世界を語ることは迷いの世界に居ることであり、そこに思いを巡らすことは修行の妨げになると喝破します。死後の霊魂は認めないという死生観になります。

このように、日本仏教のそれぞれの宗派は祖師の教えが色濃く反映された教理になり、インドの仏教思想を根底とするも、死後や霊魂の扱いは、多様であるといえましょう。

宗派を越えて、仏教儀礼の葬儀のあとの初七日忌、四十九日忌や三十五日忌、一周忌、三回忌、七回忌、十三回忌、二十三回忌、三十三回忌、五十回忌などの追善供養《ついぜんくよう》が一般的に普及しています。この背景にあるのは、やはり中国からもたらされた『地蔵菩薩《じぞうぼさつ》発心《ほっしん》因縁《いんねん》十《じゅう》王経《おうぎょう》』に基づいた儀式であり、先祖を大切にする忠孝の教えである儒教の影響があるといえましょう。

高野山の奥之院には、二〇万基とも三〇万基ともいわれる墓碑がありますが、多くは江戸時代に先祖を弔う子孫や関係者が、全国から運び入れたといわれています。

神仏習合《しんぶつしゅうごう》（神と仏を同一視し、神道と仏教とを融合・調和すること）の時代では、先祖崇拝は日本人の死生観に大きな影響を与え続けたといえましょう。

仏教の究極の教えは前述の通り、死後の存在は認めない世界を目指すことではありながら、生まれ変わりの輪廻思想や死後の地獄極楽を認めたうえで、それを相対化して、人間苦からの解放を目指しているといえます。

《武士道の死生観――本当の勇気とは何か》

「武士道と云うは死ぬ事と見付けたり。（中略）胸すわって進むなり」（『葉隠』山本常朝）という有名な一節があります。

目的のためには「死を厭わない武士道精神」というように解釈され、第二次世界大戦などで、特攻、玉砕、自決の精神的信条の根拠として採用されました。

しかし、この考え方は間違っているといえます。人命を軽んじることは武士道ではないのです。

明治時代に武士道を海外に紹介した新渡戸稲造の『武士道と修養』（実業之日本社）は、武士道とはなんであるかを明快に説明しています。

その昔、武士は「もののふ」や「さむらい」と呼ばれ、農耕民族として鋤《すき》や鍬《くわ》を捨てて、侵略者に対して果敢に武力をもって対峙した集団でした。

私も小さいときから剣道を学び、有段者と試合をしました。また青年期には空手も習って、武術の一端を経験しました。わずかばかりの経験を得て、私は武道が求めていることは、人と戦って打ち負かすということではなく、精神の修養であると実感するようになりました。

徳川将軍家光に剣の奥義を教えた柳生宗矩《やぎゅうむねのり》は、仏教の禅を勧めていたといわれています。仏教の清貧という素朴な生き方を実践しようとしていたのです。

また同時に神道にも通じ、君主に対する忠誠、祖先に対する崇拝、親に対する孝行の教訓を重視していたといわれています。多くの神社には鏡がありますが、これは人の心をありのままに写し出す鏡であり、神に対して躊躇《ちゆうちよ》なく自分の心を見せることができるかを問うためのものだといわれています。

武士道にもっとも影響を与えたのは孔子、孟子の儒教であったようです。孔子の冷静、穏和で常識ある政治道徳の教えは、統治階級であった武士にふさわしいものと考えられたのです。『論語』は武士のたしなみとして、武士道教育の根幹を成しました。

孟子は「仁は人の心なり、義は人の路なり」として、「道理に従ってためらわずに決断する心」を教え「死すべきときに死に、討つべきときに討つこと」を説きました。

「義」は武士道の中で一番厳しい掟で、卑怯なこと、醜《みにく》い不正な行いをもっとも憎むものでありました。

有名な江戸時代の赤穂浪士の活動は、まさしく義という「正義の道理」を重んじた行動と評価され、その後の日本人の徳育にさえ用いられたのです。

その武士を動かす原動力は、「勇」、すなわち勇気でした。

「義を見てせざるは勇なきなり」という一節も有名ですが、これも勇気があるとはすなわち正義をなすことができるということであり、正義を保持するには勇気が重要であることなのです。

　したがって、武士道の死生観はいつでも死ねるということでもなければ、死ぬべきでないときに死ぬことでもなく、**「生きるべきときは生き、死ぬべきときにのみ死ぬことが本当の勇気である」**ということになります。

　武士道では、死後のことを細かく問うことはなく、この世にあって、人としてどう生きるかを問う死生観だといえましょう。

　江戸時代に入ると、武士は戦闘行為を行なうことなく、幕府の定めた藩政内での士農工商という身分制度の中で生きることになりました。

　江戸時代の学問は、幕府の方針に基づいて儒学を中心とするものであり、儒学の中でも朱子学が正統の学問として尊ばれていきました。寺院の寺子屋で僧侶を師として学問修業に努める人が多くいましたが、時代が下ると、武士たちは各藩の統制下に設けられた学校で、儒学者を師として学問を学ぶことが多くなりました。

　寺子屋は庶民の学校として、江戸時代中期以後次第に発達し、幕末には江戸や大阪の町々はもとより、地方の小都市、さらに農山漁村にまで多数設けられ、全国に広く普及したといわれています。

　明治時代になって、新しく学制が発布され、その後全国に小学校を開設することができた背景には、江戸時代における寺子屋の活動が大きく貢献したともいわれています。

儒学を学んだ武士であっても、その一人ひとりの奥底にある死生観をつくったものは、仏教あるいは神道あるいは集合的意識など、さまざまであったようです。

武士から僧に転身した西行（一一一八～一一九〇）の歌に、日本人的宗教観やいのち観としての習合的、多元的コスモロジーの心情があらわれているように思えます。

何事のおはしますかは知らねどもかたじけなさに涙こぼるる（『西行法師家集』）
（どなた様がいらっしゃるのかはわかりませんが、大変ありがたくて、涙がこぼれてきます）

この歌は西行が伊勢神宮に参拝したときに詠んだものとされています。伊勢神宮祭神は、天照大神《あまてらすおおみかみ》で、その妹神が、紀州の神である丹生都比売明神《にふつひめのみょうじん》です。高野山を開創した空海さんが壇上伽藍《だんじょうがらん》に最初にお祀りした神さまの一つでもあります。

そんな関係で、高野山の僧はときどき伊勢神宮にお参りにいくのです。

西行はたびたび高野山から伊勢神宮にお参りし、神官との交流もあったと伝えられています。当時も今も仏教の僧侶が神社にお参りすることは「神仏習合」として普通の宗教観だったといえます。

それは一つの神さまだけを信じるという一神教の世界観ではなく、多神教的世界観、死生観であるといえましょう。

大自然の息吹の中に神や仏の息吹を感じるスピリチュアリティは、日本人が古代から大事にしてきた自然観であり宗教観であったといえます。

日本人の自然観的宗教観という視点でも、西行の歌にはそういった感覚を再認識する力があるように思えます。

《明治時代の死生観——廃仏毀釈の荒波の中で》

明治の文明開化を象徴する言葉に、「和魂洋才」があります。

幕末から明治維新期にかけて蘭学から「洋学」への方向転換が行なわれ、教育の実状に大きな変化が生じました。大政奉還を経て明治政府ができあがり、日本は一気に体制と政策を転換していきます。

「和魂洋才」は、自分たちのアイデンティティを大事にしつつも、欧米の優れたところを取り入れて、より優れたものを生み出そうとする動きであり、文明開化を目指した彼らの合言葉となりました。

同時に、欧米を参考にした教育の近代化が進められ、各地に洋学校や洋学塾が設けられました。これらは、後の初等、中等教育機関に発展していきました。

宗教においては、明治元年、明治政府は「神仏分離令」を出して、それまでの神仏習合を否定して、国家神道という神道の国教化を図りました。いわゆる「廃仏毀釈」です。

「廃仏」とは仏教を排斥するという意味、「毀釈」とは釈尊の教えを壊すという意味です。

それまで約一千年余のあいだ、日本人は「神仏習合」の文化を大事にしてきました。神社と仏閣が同じ敷地の中に併存している例が多く見られ、神社と寺院はバランスをとって庶民の信仰を集めていたのです。

それなのに、どうして廃仏毀釈のような恐ろしいことが起きたのでしょうか。

新制明治政府は古代の律令官制である「神祇官《じんぎかん》」を復活させました。そして神祇官が行政組織の中に神道の宣教使の組織をつくり、神道の国教化を目指して、「大教宣布《たいきょうせんぷ》の詔《みことのり》」を出したのです。

このことで「神仏分離」「神仏判別」の施策が強行され、日本中に「廃仏毀釈」の嵐が吹き荒れることとなりました。（参照：「神仏ネット」https://shinto-bukkyo.net/ 中の「神道分離令」）。

同時に、民間信仰、修験道や呪術的な宗教なども排斥されたのです。このときに、寺や仏像、仏具、経典などの多くが破壊され、仏教界は大打撃を被《こうむ》ることとなりました。

飛騨においては、私が住持する千光寺が、江戸末期まで飛騨一宮神社の別当（管理職）をしており、そこに神社僧まで置いて、神仏習合の儀式を行なってきました。

廃仏毀釈のときに、一宮神社にあった「仁王門」を壊すというお触れが出て、千光寺は神社から遠いところにあったので引き取ることは難しいと判断し、やむなく近くの浄土真宗のお寺に引き取ってもらったという歴史的事実があります。同時に、千光寺の麓《ふもと》の寺領も没収されたということです。

このような、まさに暴挙ともいえる施策の背景には、「国家神道」を樹立して祭政一致を画策した人々がいました。その萌芽は江戸末期からありました。国学者本居宣長やその弟子である平田篤胤《ひらたあつたね》などは、日本古来の神道「古神道」が本来の神道であるという運動を強硬に推し進めたのです。しかし、この政策は成功せず、その後に「大教院」や「教部省」で宗教関連の施策をすることになります。明治政府は神道を国教に定めようとして、仏教やキリスト教を弾圧しますが、結果としては神道だけということにはならなかったのです。やはり、長く先祖崇拝で仏教に親しんできた庶民の心から、仏教を排除することはできなかったのです。僧侶の力というよりは、日本人の基層に根付いた庶民信仰が、廃仏毀釈をのり越えたといっても過言ではないでしょう。

「神仏分離」の余波は、その後も日本人に影響を与えました。第二次世界大戦の兵士の精神的支柱として天皇を現人神《あらひとがみ》とする「国粋主義」の普及で、悲惨な戦争への道へ突き進む負の原動力にもなりました。

国家挙げての施策も成功しなかったのは、日本人が大切にしてきた「いのち観」「死生観」があったからでしょう。

《現代の死生観》

現代の死生観は、終末期医療や、脳死、遺伝子操作など生命倫理の文脈で語られることが多くなりました。倫理学、医科学の分野では、一九六〇年代から欧米で始まった「バイオエシックス（bioethics：生命倫理学）」についても、わが国で議論されるようになってきました。

生命倫理とは、広義には「脳死は人の死か」といった死の判定や、脳死者からの臓器移植、安楽死行為の是非など、医療システムの中での倫理問題を扱うことも含みます。生命倫理と死生学は対立的なものと思いがちですが、実は相補的な関係にあるといえます。

西欧社会でも死を語ることはタブー視されてきましたが、死の儀礼を簡素化するなどの文化的疎遠を反映して、あらたに死を問い直す動きが欧米を中心に始まりました（島薗進『日本人の死生観を読む』朝日選書、二〇一二年）。

日本では一九七〇年代に、“thanatology”や“death study”の訳語として「死生学」という言葉が使われてきました。

一九七七年には「日本死の臨床研究会」が医療関係者を中心に発足し、がん告知やケアのあり方が問われ始めました。一九八一年には、静岡の聖隷《せいれい》三方原《みかたはら》病院において日本初のホスピス（終末期の患者のケアを行なう施設）が誕生します。東京では、一九八二年にアルフォンス・デーケン氏を中心に「死の準備教育～生と死を考えるセミナー」が上智大学で開講され、アカデミックな議論も始まりました。さらに仏教系では、一九九二年に新潟の長岡西病院にビハーラ病棟（仏教を背景にした緩和ケア施設）ができて、話題となります。僧侶が病院に在住して、患者家族のケアに当たるということが、それまでの「僧侶イコール葬式」の常識を変革させる動きになりました。

その後、死生観の議論はますます盛んになり、「医療と宗教を考える会」（一九八四）、「仏教ホスピスの会」（一九八七、現在の名称は「浄土真宗・東京ビハーラ」）、「脳死臨調」（臨時脳死および臓器移植調査会、一九九〇）、「東洋英和女学院大学院人間科学研究科・死生学コース」（一九九三）、「日本臨床死生学会」（一九九五）、「臓器移植法案公布」（一九九七）のほか、テレビや映画でも「NHKスペシャル：立花隆リポート臨死体験―人は死ぬ時何を見るのか」（一九九一）、「伊丹十三監督：お葬式」（一九八四）、「滝田洋二郎監督：おくりびと」（二〇〇八）があり、「葬送の自由をすすめる会」（一九九一）の発足、「朝日新聞：『日本人の死生観』世論調査（二〇一〇）」などにより、日本人がそれまで保持していた「死のタブー視」に変化が起きています。

一九八〇年代から始まった環境問題を主題とするエコロジー運動は、神と人間、人間と自然との関係を対立構造としてとらえ、自然は人間によって支配されると考えた従来の神学的思考を改めようとする動きでもありました。

それは人間中心主義から、生命中心の平等主義に価値転換することであり、これ以上の地球環境破壊を食い止めたいという願いでもありました。しかし人類が科学技術一辺倒の意識を変えるまでには至りませんでした。

現代の日本人には、特定の神仏を信仰するというよりは、自然の中に神や仏を見出すという**「自然観的いのち観」**を重視する傾向があります。

近代社会はあらゆる対立構造を生み出しました。自然と人間の対立は環境破壊を、人間と人間の対立は紛争や戦争を、理性と感性の対立は精神的アンバランスをつくり出してきました。新型コロナウイルスの世界的パンデミックを経験した現代人は、漫然とした不安感に苛まれています。

一方でコロナ禍の影響で環境が改善した地域もあると報告する環境学者もいます。

これまでに戦争において膨大な犠牲者を出して、もう戦争は懲りているはずなのに、ロシアのウクライナ侵攻は、東西冷戦とは別の次元の対立や国際紛争に発展しようとしています。

世界は、自然は人間によって征服されるものではなく、人類は地球のいのちの中で生かしていただいているという大原則を忘れています。

自然を支配するのではなく共生するという考えに転じること、質を重んじる生活やお金では買えない価値を尊重する生き方に転じることはできないものなのでしょうか。

日本国内でも近年、さまざまな災害や事故がありました。阪神淡路大震災やＪＲ福知山線脱線事故、東日本大震災で、愛する家族を失った人のグリーフケアなどを展開するこころのケアが、近年社会のニーズとして大きくクローズアップしてきました。

それらの活動は**スピリチュアルケア**と呼ばれ、専門職の養成が国内の大学教育で始まりました。日本的スピリチュアリティを学際的に研究し、専門的な人材育成に乗り出した「日本スピリチュアルケア学会」が、支援者のサポートを得て二〇〇七年に発足し、二〇一六年には「日本臨床宗教師会」が発足しました。

実は私はこの二つの会の理事を務めていて、設立当初から関わってきました。

日本スピリチュアルケア学会は「すべての人々がスピリチュアリティを有しているという認識に基づき、医療、宗教、福祉、教育、産業等のあらゆる領域において、それぞれの分野が持つ壁を超越するかたちでスピリチュアルケアを実践することこそが、スピリチュアリティの深層の意味を問う作業であるという理念をかかげ、スピリチュアリティの理論的かつ実践的課題を解明することによって、現代に渦巻く様々な問題の解決に努めていこうとする」とするものです（日本スピリチュアルケア学会ホームページ：http://www.spiritualcare.jp/）。

「日本臨床宗教師会」とも連携して、インターフェイス・チャプレンシー（Interfaith Chaplaincy）という宗教間対話を基調として、専門職を養成し活動を継続しています。

《死生観のまとめ》

ここまで、古代から近代までの人々の、生き方や死生観を概観してきました。それぞれの時代によって、人の価値観は育った環境や伝承文化に加えて、為政者による半ば強制的な思考の変更によって、揺らぎつつも、たくましく生き抜いてきました。

日本人の死生観を大きく五つに分類している加藤周一ほか『日本人の死生観［下］』（岩波新書、一九七七年）の説を参考にして、私なりにわかりやすく説明すると次のようになります。

①家族、血縁共同体、ムラの共同体は、そのムラ社会を維持するための構成員として、生者と死を含む通過儀礼を営んできた。

②共同体の中では、劇的ではなく静かな死として「よい死に方をする」ことが重要であった。

③死の哲学的イメージは、大きなエネルギーとしての「宇宙」の中へ入っていき、そこに

しばらくとどまり、次第に融けながら消えてゆくこと。

④「宇宙」に入ってゆく死のイメージは、個人的機能は昇華される。超越者（神）の審判はなく、仏教的な「因果応報」が連動しつつも究極は「無常」が作用して個別性は融けていく。

⑤日本人の死に対する態度は、残酷性や劇的な死を見ながらも、感情的には「宇宙」の秩序に、知的には自然の秩序に同化して、あきらめをもって受け入れる、というものである。

⑥近代化の中で価値意識が変わり、さまざまなつながりとしての共同体が崩壊し、死ぬ者にとっては死の恐怖が昔より増している。

このように、日本人の死生観をみてきましたが、日本独自のものと世界にもみられるもの、両方がありました。次章では、古代から近代まで著名な人を選んで、彼らがいかに自らの死を洞察したか、その死生観を探りながら「生きる意味」を考えてみたいと思います。

第四章

賢人たちの死生観

《ソクラテスの死生観――霊魂不死の信仰》

古代ギリシャの哲学者ソクラテスはあまりにも有名です。

知らないということを知ることが重要であるという「不知の知」は広く知られています。そして彼に追従する多くの哲学者が生まれ、フィロソフィーの起源ともいわれます。

『世界大百科事典』（平凡社、二〇〇七年）の「哲学」の項目には「明治初年の段階で、西周《にしあまね》によって、英語の〈フィロソフィー philosophy〉の訳語として作られた。フィロソフィーは、ギリシア語の〈フィロソフィア philosophia〉に由来し、知恵〈ソフィア sophia〉を愛する〈フィレイン philein〉という意味」とあります。

ソクラテスは、ブッダの時代に近い紀元前四六九年頃に生まれて、同三九九年に市民の各階級の代表者とされる三人の告発者によって訴えられ、裁判において弁明するも、死刑を宣告され、最後は毒を飲まされることになります。その理由は「不信心で、新しき神を導入し、かつ青年を腐敗させ」たということです。

死刑宣告から実際の死刑までの日数には、三十日もあって逃亡することはたやすかったといわれますが、甘んじて死を受け入れた背景には、ソクラテス自身の真実を追求する信条や生死に対する確固たる死生観があったからといえます。

ソクラテスの弟子である著名なプラトンが書き残したといわれる『ソクラテスの弁明――クリトン』（久保勉訳、岩波文庫、一九五〇年）では、

「その崇敬せる師が不正にも、神々を信ぜずかつアテナイの青年を腐敗せしめたとの罪名の下に、死刑を宣告されたが、その実彼は深く宗教的な人でありまた青年を向上せしめたことを示すと共に、彼が法廷においていかなる精神をもってまたいかなる態度と調子をもって自らを弁明したかを描いている」

と解説されており、裁判が不当なものであること、ソクラテスの正しさを後世に訴えています。

「ソクラテスは熱烈なる理性信奉者であると同時に宗教神秘家でもあった」

ソクラテスは、当時の国家の意思に順応していのちを伸ばすことも可能でしたが、その道を選ばず、他者の無知の暴露を差し控えることを拒絶して、自己の正義感ないしは良心を満足させることを選択したのです。

それは彼が、

「神の召命と信ずるところに、理性《ロゴス》の是とするところに従って行動した」

からなのです。

ソクラテスは、この世の必要よりも、神の下にある真実を重要なものととらえていたのです。そのような態度の根底には、

「世界秩序の維持者であり、恵深き守護者である神に対する不動の信仰と霊魂不死の信仰」

が確固たる信仰として存在していたからといえます。

この「**霊魂不死の信仰**」が、ソクラテスの死生観なのです。

そしてソクラテスの死は、後世に多くの哲学者や賢者の注目を得て、彼らに影響を与える哲学の聖人といわれるようになりました。

《ウラジーミル・ジャンケレビッチの死生観――蝶のように飛び去る》

ソクラテスの死に影響を受けたとされる哲学者ウラジーミル・ジャンケレビッチはフランス、パリの南方にあるブールジュで一九〇三年に生まれました。両親はロシアを逃れてフランスに移り住み、父親はフロイトの著作の翻訳者で、フランスに精神分析を紹介した人としても知られています。

ジャンケレビッチは師範学校を卒業して教員になりましたが、第二次世界大戦に動員され、負傷して帰還します。レジスタンス活動を経て、戦後はトゥールーズ大学、リル大学、パリ大学の文学部教授になっています。

ソクラテスの死やプラトンの死を研究したジャンケレビッチは、多くの著述をしました。その一つの哲学書である『死』（みすず書房、一九七八年）を翻訳し、実際にパリ大学に留学されてジャンケレビッチに師事した仲澤紀雄氏の労作から、彼の死生観を探ってみましょう。

「死は越経験な神秘と自然現象との接点だ」とするジャンケレビッチは、死の超自然的神秘の解明には宗教の助けが必要であることを述べています。おそらく近代の哲学者で彼ほど、人の死について、主観・客観の両面から真摯《しんし》に取り組んだ人はいないかもしれません。

ジャンケレビッチの有名な死の分類に**「一人称態の死、二人称態の死、三人称態の死の定義」**という表現があります。一人称態は「私の死」、二人称態は「あなたの死」、三人称態は「他人の死」です。

「一人称態の死」を自分が確認することはできません。死ぬと同時に「私」というあらゆる認識や感覚がすべて無に帰するからです。ジャンケレビッチは「死があるときにわたしがもはやそこにはいない」「終末の予感は日常経験の一事実だが、終末の追憶は幻想の世界に属する」として、一人称の死を自己が認識できない世界であると説きました。

「二人称態の死」は、「私にもっとも近い人の死」で伴侶、肉親や兄弟姉妹になります。ジャンケレビッチは自分の親や、逆に子どもを先に亡くす母親の気持ちを文章で描写し、その人間の苦悩を解説します。

われわれが、「死の不条理」を強く感じるのは、この二人称態の死であることは間違いありません。

そして「三人称態の死」は他人の死であり、そこには少しの距離感があります。TVや新聞、あるいはSNSで見聞きする他者の死は、二人称態の死よりも冷静にその死の事態や風景をとらえることができます。

ジャンケレビッチは三人称態の死について、

「問題提起はするが、神秘学の領野には属さない」

とし、

「人が医学、生物学、社会、人口統計の観点に立って記述し、ないしは分析する一対象である」

と説明するのです。

プラトンの著作『パイドン――魂の不死について』の「賢者の死は、孤独な死の正反対だ。ソクラテスは一人で死んだのではない」という論述には、三人称態の死であるソクラテスを二人称の死、一人称態の死に投影する力を持っています。

さらに、ジャンケレビッチは「死ぬべきものと死ぬはずのもの」を語り、やがて「死んだもの」（死後の世界）について語ります。

そこには霊肉の二元論を引用して
「羽をもった魂が絆を解いて蝶のように飛び去るのだ」

「死は不滅な魂の永遠を死との共生から解き明かす。生命の限られた寿命によって疑わしいものとされた永遠だ」

としたうえで、

「死後われわれがなにかになるだろうかと問う必要もなく、死後、死者はなんにもならず、生成することをやめることによって、存在を昇進する。必然的に後生することではない」

と死後を考察するのです。

死や死後の問題に果敢に取り組んだジャンケレビッチの哲学には、ナチスドイツ時代にレジスタンス活動をした反骨精神が生かされているように思えます。

《金子みすゞの死生観——独特のスピリチュアリティ》

大正から昭和にかけて活躍した童謡詩人金子みすゞは、生涯五百編もの詩を遺しながら、はかなくも二十六歳で服毒自殺をしてその短い生涯を終えました。

その金子みすゞの自死の要因に、彼女の精神的病理が起因していると想定し、みすゞを多面的に研究された、神学者でスピリチュアルケア研究者でもある窪寺俊之《くぼてらとしゆき》師が『金子みすゞの苦悩とスピリチュアリティ――自死をめぐる考察』関西学院大学出版会、二〇二二年）を著されました。その全容を紹介する紙面的余裕はないのですが、一部から考えてみたいと思います。

アメリカの臨床心理学者であるE・シュナイドマンの自殺学によれば「自殺とは、耐え難い痛みの流れを止めることを目的とした行為である」ということから、窪寺師は金子みすゞの自殺の要因は、病気による身体的苦痛、夫婦関係による精神的苦痛、詩作できない苦痛、詩人仲間との交流を禁じられた苦痛を主たるものとしつつも、性格的に自己犠牲的自死ではないかと推察されています。

特に精神的苦痛には、娘の養育に関することが大きな要因でありながら、金子みすゞの「抑うつ気分」と「自己愛人格傾向」が影響して、自死に至ったのではないかと分析しています。

金子みすゞの詩歌には、宗教的な心情を吐露する作品がたくさんあります。金子みすゞが生まれ育った山口県長門市仙崎地区は仏教が盛んで、祖母や母の熱心な浄土真宗の信仰に影響を受けて育ったといわれています。

ただし、金子みすゞは阿弥陀仏や極楽浄土などの仏教用語は用いず、「神さまのお国」という言葉を使用して、特定の宗教にとらわれない「空想的宗教世界」や「独特のスピリチュアリティ」が混在していたといわれます。
そんな彼女の作品を一つ紹介しましょう。

雪

誰《だれ》も知らない野の果《は》てで
青い小鳥が死にました。
　さむい、さむい、くれ方に。

そのなきがらを埋《う》めよとて
お空は雪を撒《ま》きました。
　ふかく、ふかく、音もなく。

人は知らねど、人里の、

家もおともにたちました。
　しろい、しろい、被衣《かつぎ》着て。

やがてあけゆくあくる朝、
お空はみごとに晴れました。
　あおく、あおく、うつくしく。

小《ち》さいきれいなたましいの、
神さまのお国へゆくみちを、
　ひろく、ひろく、あけようと。
　（『金子みすゞ童謡全集⑥　さみしい王女・下』ＪＵＬＡ出版局、二〇〇四年）

窪寺師は金子みすゞの詩を通じて、宗教心を三つの機能に分類して理解しています。

①　宗教心の認識機能――自然、生き物、世界、社会、人生、生死、人間関係などに宗教

的意味や意図や力を感じる機能

②　宗教心の思考的機能――宗教的現象として認識した事柄を宗教的事柄（構造化、意味化機能）として思索すること

③　宗教心の信機能――日常的出来事を宗教的現象として意味化したことを自分の内に取り入れる決意をすること

窪寺師は、この宗教心機能モデルを活用して、金子みすゞの作品に現れた世界を考察しています。

花のたましい

散ったお花のたましいは、
み仏《ほとけ》さまの花ぞのに、
ひとつ残らずうまれるの。

だって、お花はやさしくて、
おてんとさまが呼《よ》ぶときに、
ぱっとひらいて、ほほえんで、
蝶々《ちょうちょ》にあまい蜜をやり、
人にゃ匂《にお》いをみなくれて、

風がおいでとよぶときに、
やはりすなおについてゆき、

なきがらさえも、ままごとの
御飯《ごはん》になってくれるから。

（『金子みすゞ童謡全集③　空のかあさま・上』、ＪＵＬＡ出版局、二〇〇四年）

この詩に金子みすゞの「浄土思想、慈悲の心、万民救済思想」が見て取れるとする窪寺師は、金子みすゞには、まだ十分な「自己への絶望の自覚」によって「仏の絶対慈悲」にすがる思想としての個人化機能が実感されていないと説明しています。

金子みすゞの死生観を通じて、現代人がその意味を考えるとするならば二つの視点があると窪寺師は説明します。

①　共有する要因

金子みすゞの作品に表れる優しさや思いやりの背後に、彼女の生い立ちや人間関係、生活の大変さからくる「さびしさ」が、多くの傷ついた人や弱い立場にいる現代人の痛みと共鳴すること。

②　肥大化した自己愛

自己の殻にこもり互いの絆が薄れ、共感性の失った自己愛人間が多くなっている。健全な自己愛は、他者との信頼関係や協働することに喜びをもち、個人の主体性を肯定し自己のアイデンティティを確立する助けとなり、開放性と協同性をもつ。金子みすゞの生き方は、そうではない不健全な自己愛に振り回された人生であったと知ることで、現代人への警告という意味合いがあること。

西行法師の詠んだ宗教的心情や金子みすゞの詩歌から、日本の厳しい時代を生きた人々のはかなくも尊い死生観を知ることができます。

《立花隆の死生観――『臨死体験』を執筆して得た思い》

「知の巨人」といわれた立花隆氏は、二〇二一年四月三十日に、八十歳の人生に幕を閉じました。彼の最期の様子について、NHKスペシャル「見えた 何が 永遠が～立花隆 最後の旅～」(二〇二二年四月三十日放送)が、その詳細を伝えていました。

その番組の中で立花氏は**「遺体はゴミとして捨ててほしい」「蔵書はすべて古本屋に売り払ってほしい」**と言い残していました。立花氏は、生物学、環境問題、医療、宇宙、政治、経済、生命、哲学、臨死体験など多方面にわたって書籍を残し、書斎の蔵書は五万冊を数えるといわれていましたが、立花氏の言葉通りに処分されました。TVには、処分して空っぽになった書斎の映像が映し出されていました。

TVのディレクターは、「なぜ『無』に帰ろうとしたのか……」と解説していましたが、私は、立花氏の死は決して「無」を求めていたのではないと感じています。彼は人間を追求したのだと思います。

彼は生前に、「そもそも我々人間がやっている文化的営為とは一体何なのかという問題があるわけです」と語っています。はたして立花氏の死生観は、どうだったのでしょうか。

比較的早くに出版した『エコロジー的思考のすすめ――思考の技術』（中公文庫、一九九〇年）には、現代社会の文明的崩壊の危機を訴え、その中で何を大事に生きるべきかを提示したといえます。

立花氏は「人類の危機とエコロジー」「生命と環境」「システム・適応・倫理・生存のエコロジー」について具体的な調査と事実関係に基づいて分析し、そこから「遷移」というキーワードで、変化の必要性を論じています。

「遷移」という変化を意味する用語は、自然界にもあるいは人間社会にも共通する、進化のプロセスとして重要なシステムであることを強調するのです。

私が立花氏をここで紹介する大きな要因は、一九九四年に『臨死体験』（文藝春秋）を出版して、肉体とは別のいのち観について脳科学を駆使して論究したからです。これは、私たちがスピリチュアルケア研究の延長で、二〇〇七年に日本スピリチュアルケア学会を立ち上げて、議論を始めたときより十年以上前のことでした。

古代から神学的哲学的な課題であった、「神が人間を造る」という考え方と「人間の心が神をつくる」という真逆の考え方による議論が繰り返されてきました。

立花氏もこの議論に加わりながら、臨死体験をまとめるうえで「中間的立場で神も人間もそれぞれ自由な客観的立場がある」という見解を示しています。

ユング心理学から、近代心理学、さらにトランスパーソナル心理学を研究した立花氏は、アメリカの脳科学者の実験に立ち会い、自らもセラピーなども体験しながら臨死体験の解明に尽力します。

最終的に立花氏は、**「臨死体験は、脳内現象説と現実体験説があり、どちらもあるように思える」**と結論づけます。さらに臨死体験の研究から「死ぬのが怖くなくなった」ということと、「よりよく生きること」を考えるようになったと締めくくっています。

冒頭に立花氏の言葉として紹介した「遺体はゴミとして捨ててほしい」という心情は、この『臨死体験』からも読み取れます。臨死体験の研究をしていく中で立花氏は、「脳内現象説がいうように、この先（死後）がいっさい無になり、自己が完全に消滅してしまうというのも、それはそれでさっぱりしていていいなあ」と解説しています。

《田坂広志の死生観――「死は存在しない」とは？》

田坂広志氏をインターネットで検索すると「日本の技術者、経営学者（社会起業家論）。学位は工学博士（東京大学・一九八一年）。多摩大学名誉教授・大学院経営情報学研究科特任教授、グロービス経営大学院大学特別顧問・経営研究科特任教授、株式会社日本総合研究所フェロー、シンクタンク『ソフィアバンク』代表、田坂塾（任意団体）塾長、社会起業家フォーラム代表、社会起業大学株式会社〝名誉学長〟」などと多くの肩書とその活動が紹介されます。

田坂氏は、内閣官房参与なども歴任する科学者ですが、従来の科学者が言いきれていなかった**「死後も意識は残る」**ことを大胆に述べているのです。

これまで、死後の世界を経験する『臨死体験』などは、医学的科学的に紹介されることはあっても、実証できない出来事として扱われてきました。

特に宗教の領域で語られた死後の世界は、科学ではまともな議論に上がることはほとんどありませんでした。つまり人類が、世界の各地で体験してきた「不思議な体験」や「神秘的現象」などの実証不可能と言われた世界を、田坂氏は科学的理論を用いて紹介したのです。科学者でもある田坂氏の理論について、彼の書『死は存在しない』（光文社新書、二〇二二年）から、主なトピックを引用するとこうなります。

「現代の科学、すなわち、この『唯物論的科学』や『物質還元主義的科学』と呼ばれるものは、すでに何十年も前から、限界に直面している」

「『ゼロ・ポイント・フィールド仮説』と呼ばれる（中略）仮説を知ったとき、もし、この仮説が正しければ、先ほどから論じている『不思議な出来事』や『意識の不思議な現象』の正体が、科学的に明らかになる（中略）との予感を抱いた」

「ゼロ・ポイント・フィールド仮説とは、この宇宙に普遍的に存在する『量子真空』の中に『ゼロ・ポイント・フィールド』と呼ばれる場があり、この場に、この宇宙のすべての出来事のすべての情報が、『波動情報』として『ホログラム原理』で『記録』されているという仮説なのである」

少し説明を加えるならば、田坂氏がいう「ゼロ・ポイント・フィールド」とは、科学的事実として評価された量子物理学でいう「量子真空（Quantum Vacuum）」のことです。最先端の宇宙論では、一三八億年前に宇宙が誕生したとなっています。その宇宙が、大爆発（ビックバン）を起して、現在の宇宙になったとされています。宇宙は、光の速さで膨張し、一三八億年かけて、壮大な広がりをもつ宇宙になったとされているのです。その中にすべての情報が記録されているとの仮説です。

「量子真空の中には、この壮大な宇宙を生み出せるほどの莫大なエネルギーが潜んでいる」
「この世界に『物質』は存在しない、すべては『波動』である（中略）素粒子の正体は、実は『エネルギーの振動』であり、『波動』に他ならない」
「『相対性理論』では、過去、現在、未来は、同時に存在している」
「祈りや瞑想によって生まれる『静寂意識』の世界」
「ゼロ・ポイント・フィールド内には、『現実世界』と全く同じ、『深層世界』が存在している」
「『現実自己』が死を迎え、消え去った後も、ゼロ・ポイント・フィールド内の『深層自己』は、残り続ける」
「フィールドは『情報貯蔵庫』ではない、『宇宙意識』と呼ぶべきもの」
「死後、フィールド内で、我々の『自我意識』はしばらく残る」
「フィールド内では、徐々に、我々の『自我』が消えていく」
「成長を続け、拡大を続け、時空を超えていく『死後の意識』」
「原初的な意識から、一三八億年をかけ、成長し続ける『宇宙意識』」
「『神』『仏』『天』、『宇宙意識』、そして『真我』は、一つの言葉」
「二十一世紀、『科学』と『宗教』は一つになる」
「『科学的知性』と『宗教的叡智』が融合した『新たな文明』」

この紙面で田坂氏の死生観の全容を語ることは不可能に近いです。あとは『死は存在しない』に委ねるしかありません。

しかし最後に、下記の二つを引用したいと思います。

いま人類の現実を見るならば、地球環境の破壊はとどまることを知らず、気候危機は深刻化の一途をたどっている。そして、発展途上国での人口増大が進む一方で、地球上の資源枯渇も急速に進み、食糧危機とあいまって、人類の生存を脅かしている。（中略）これらの問題を解決していくために、（中略）「新たな技術の開発」（中略）「新たな制度の導入」（中略）「新たな政策の実施」でもない。／いま、最も求められているのは、人類全体の意識の変容であり、人々の価値観の転換であろう。

そして、宇宙の創生と人類の関係について、下記のように述べています。

一三八億年前に、量子真空があった。
その量子真空が、あるとき、ゆらぎを起こし、この宇宙を生み出した。（中略）この宇宙は、その後、内部に無数の銀河を生み出し、無数の恒星を生み出し、恒星の周りに無数の惑星を生み出していった。そして、その惑星の一つである地球の上で、物質や生命や意識が、急速に複雑化と高度化、そして進化を遂げていき、一三八億年の歳月の後、この地球上に、人類という「高度な意識」をもった存在を生み出したのである。
それは、「極めて原初的な意識」から始まり、一三八億年をかけて「知性を持った意識」を生み出した、「宇宙意識」の進化の旅路でもある。（中略）量子真空が、すなわち、この宇宙が、「自分の中に眠る可能性」を開花し続けている、進化の旅路に他ならない。

宇宙の始まりは一三八億年前であり、自分を訪ねる旅は宇宙の中に共にあると説明しています。前に説明した「四つの死生観」の四番目の項目が田坂氏の理論と符合します。

《三沢直子の死生観――「あの世」との交流を行なう》

最後に、私の知人でもある臨床心理士の三沢直子さんの死生観を紹介します。

三沢さんは一九五一年北海道の神社で生まれ、小学一年生からは東京で育ち、早稲田大学大学院心理学専攻博士課程で博士号を取得して、五年間ほど明治大学文学部心理社会学科の教授もされていました。

また長年、精神病院や企業の総合病院で臨床心理士として勤務する傍ら、子育てが一段落してからは育児相談や母親講座の講師を務めていました。さらに二〇〇〇年からは子育て支援者の研修事業としてＮＰＯ法人を立ち上げ、子育て支援者のサポート活動を行なう一方、カナダの親支援プログラム「完璧な親なんていない」の全国普及活動も続けてこられました。
そのように社会活動もかなり行なう一方で、心理学に限界を感じた三沢さんは、四十歳頃から心霊学にも関心を広げ、二〇〇六年に『〝則天去私〟という生き方――心理学からスピリチュアリズムへ』（コスモスライブラリー）を著しました。その後、大学教員を引退されて伊勢に活動拠点を移し、「サラ企画」を立ち上げて、スピリチュアリティに関する斬新な研究や出版活動をされています。

二〇一一年、三沢さんは知人の紹介で千光寺まで来られ、夜遅くまでスピリチュアリティやスピリチュアルケアの談義に花が咲き、その後も交流を続けてきました。

三沢さんは伊勢で、二名のチャネラー（霊媒師）の審神者《さにわ》（スーパーヴィザー：神の言葉を受けて、その意思を伝える者）として、すでに帰天している科学者や著名人との対話によって、意識という側面からあの世とこの世の解明をしていく作業を、心理学者・心霊学者として続けて来られました。

その結果を図式化したものを一つご紹介しますが、これは天地の対話シリーズ1『あの世とこの世の仕組み――あの世の科学者との対話を通して見えてきた真実』（三上直子、ナチュラルスピリット、二〇二一年）からの抜粋です（注：三上は三沢さんの旧姓であり、三沢さんのペンネームです)。

一五二ページの図1は、それまで学んだ心霊学と量子物理学、特に量子論と相対性理論を唯一統合する可能性のある「超ひも論」を援用して、宗教と科学を統合的に示そうとしたものです。

詳しい説明は原著をご覧いただくとして、三沢さんは次のように述べています。**この世は物質でできた体験の場（ホログラフィック・フィールド）、あの世は反物質でできた情報の場（アカシック・フィールド）で、それを創ったのは〈大元の神〉です。**〈大元の神〉は、宇宙にただ一人浮かんでいるだけでは、何もわからないと思い、多くの分身を創りました。それが私たち人間です。今や八〇億人となった私たち分身を「ありのままに見て――受け入れる」、それが神の深い愛で、「それぞれの分身から学ぶ」というのが（無知の知の）神の深い叡智である、と。

また、この図に従って死を説明するならば、第一の死は肉体を脱いで幽体となってアストラル界に至り、そこで幽体にたまっていた感情や欲望を浄化します。

それが終わると第二の死に至り、幽体を脱いで霊体になって精神界に進み、個人的・集合的観念を手放します。

図1 「〈あの世〉と〈この世〉の成り立ち（三沢直子氏）」

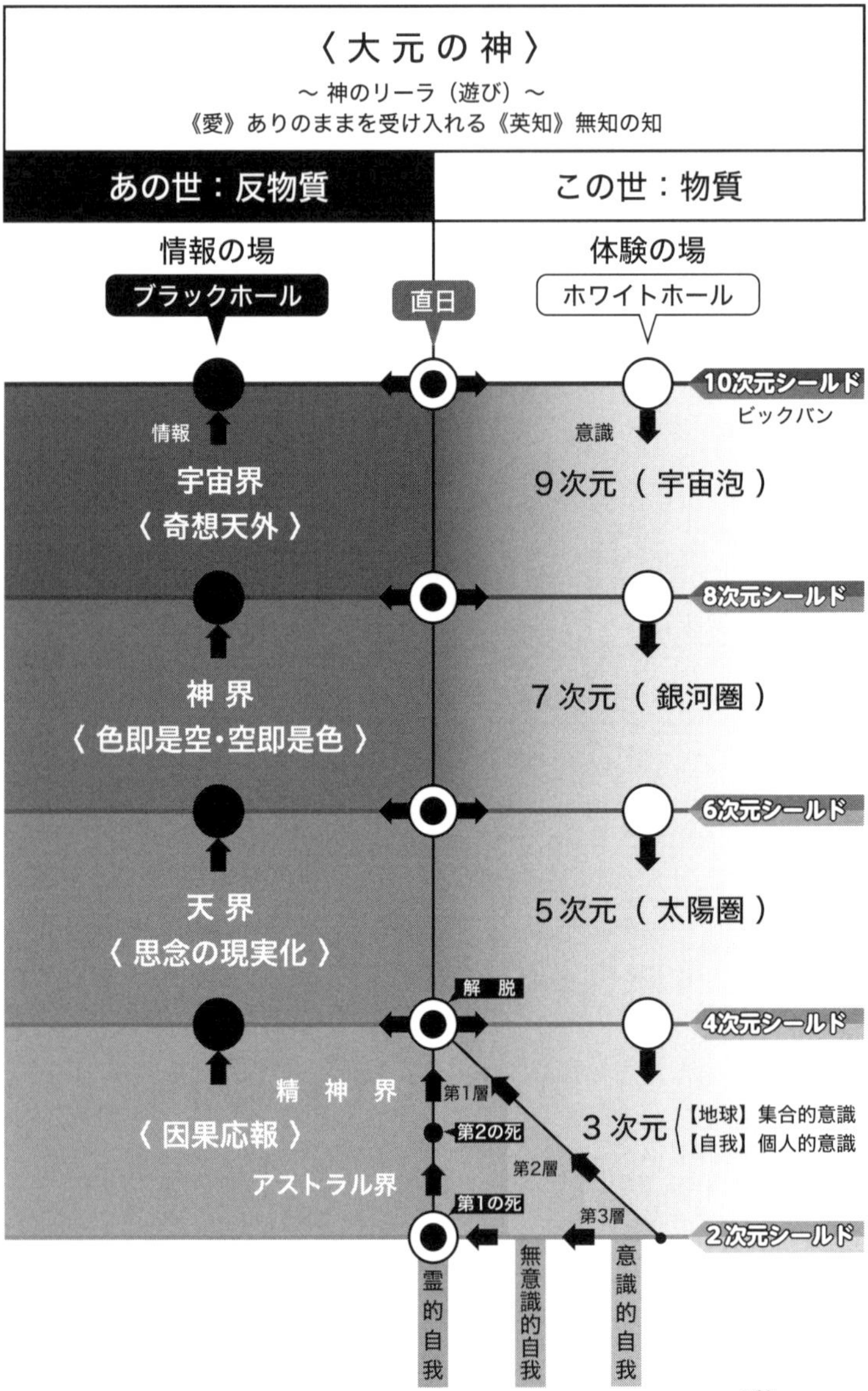
〈大元の神〉
〜神のリーラ（遊び）〜
《愛》ありのままを受け入れる《英知》無知の知
あの世：反物質
この世：物質
情報の場
体験の場
ブラックホール
直日
ホワイトホール
10次元シールド
ビックバン
情報
意識
宇宙界
〈奇想天外〉
9次元（宇宙泡）
8次元シールド
神界
〈色即是空・空即是色〉
7次元（銀河圏）
6次元シールド
天界
〈思念の現実化〉
5次元（太陽圏）
解脱
4次元シールド
精神界
第1層
〈因果応報〉
第2の死
3次元
【地球】集合的意識
【自我】個人的意識
第2層
アストラル界
第1の死
第3層
2次元シールド
霊的自我
無意識的自我
意識的自我

そしてまだ学ぶべき課題が残っている場合は、地上への輪廻転生を繰り返して、すべての課題をクリアしたならば、解脱して天界へと至ります。それを地上に居ながらにして、**自他を「ありのままに見て―受け入れて―学ぶ」という〈正見〉を繰り返して、解脱ポイントに達した場合は、〈即身成仏〉して死後は直接天界に行く、ということもあるようです。**

以上は、この世を「色即是空《しきそくぜくう》・空即是色《くうそくぜしき》（この世のすべてのものは、実体はなく縁起によって存在するということ。そして、その『空』であることが、そのまま一切の事物である、ということ）」ととらえる仏教や「即身成仏」を説く真言密教の立場と重なる部分も多く、私自身も以上のような三沢さんの死生観を、興味深く拝読してきました。

《信頼できる天地の対話とは》

私は、以上のような「あの世とこの世とのしくみ」を詳しく知りたくて、三沢さんの伊勢の学び舎（サラ企画）に何度か通っていましたが、最初のうちは「あの世」からの受信内容をにわかに信じることはしませんでした。

それまで私は、過去に降霊した霊が人間に憑依《ひょうい》して語る場面を何度も見てきたので、そういう場面には慣れていると自負していました。しかし、そういった場で安らいだ気持ちになることは少なく、むしろ気分が悪くなることが多く、三沢さんの交信を信じ切れなかったのもそれが原因だったかもしれません。信徒からの依頼で、土地や家屋の地鎮祭や浄霊を依頼されることも多々ありました。実際に低級霊や動物霊が憑依しているケースも多く、さまざまな影響を考慮して、霊的現象にはかなり慎重になっていました。したがって、伊勢で起きている現象が本物かどうかを見極めるために、かなり疑いを持ちながら何度も足を運び、私自身の目で確証を得たいと思っていたのです。

審神者役の三沢さんは、先に述べたように心理学者でありながら心霊学の研究も続けてきた方です。ご家庭でも四十歳で末期がんのご主人のケアを体験し、その後五十代半ばで大きな転機を迎えて、東京と伊勢との行き来が始まります。そして二人の霊媒師との出会い、天との交信が始まって、この世とあの世の解明に取り組まれたようです。

私が三沢さんに信頼を寄せているのは、降霊による霊媒師の言葉や内容を極めて冷静に分析し、検証するプロセスを知ったからです。降りてくる言葉をそのまま鵜呑《うの》みにするのではなく、霊媒に必要な問いかけをして、本人を特定する略歴や、言動とその背景などの事実を確認することを重視しています。

私自身も高野山での修行時代から、霊的な興味からスピリチュアルケアの領域までを広く学んできて、霊的現象には一定の理解を持っていたつもりです。それは、仏教や密教を学ぶうえで、輪廻転生や仏教の悟りのため、または現世で経験する苦しみの克服や解脱のため必要であると認識していたからです。

初期の仏教経典『パーヤーシ経』や『華厳経《けごんきょう》十地品《じゅうじほん》』などには、輪廻思想が描かれていますが、本来ブッダ（釈尊）は「輪廻の苦しみから解脱する」という真理を説きました。ですから、輪廻という生まれ変わりについては、僧侶の立場で、どこまで信じていいのか疑問があったのです。

漠然とした仏教の理解からこの世のことは大体予想できても、あの世のしくみについては、宗教的にもさまざまな見解があると知りました。そんな矢先に、著書を送っていただいたご縁で三沢さんと再会することになり、自分の学び直しと思って伊勢に通うようになったのです。

ここで参考までに、霊媒師と審神者役について説明します。

霊媒師は霊界からのメッセージを受ける役割で、ちょうどラジオがさまざまな周波数をキャッチするように、つながる先は高級霊にもなれば低級霊にもなります。

霊媒師のその時々の意識状態や心の波長によって、つながる先は変わってしまうということです。低い霊が降りたからといって、霊媒師の霊格が低いわけでも、高い霊格の人が降りてきたから霊格が高いわけでなく、あくまでも霊媒師は受信機なのです。

ですから、高次の霊とつながり続けるためには、常に霊媒師の心の曇りを払っておく必要があり、三沢さんのチームでは三人で週に三回、二〜三時間かけて「自分のありのままを見て──受け入れて──学ぶ」という、いわば〈正見〉するための対話を続けてきた、とのことでした。

その他にも、外部の希望者も含めての一泊二日の〈魂の対話〉をこれまで二五〇回行ない、それに続くメールでのやり取りは、一万四〇〇〇回に及ぶということです。やはり、そのように心の無意識層にある曇りをありのままに見て、浄化してきたからこそ、低級霊とのつながりを避けて、〈天地の対話〉を続けることができたものと思います。

この霊的浄化作用はとても重要なことであると思っています。そのように、まずは霊媒を低級霊から守り、どのような質問をして、霊媒師の意識をどこへ向けるか、またその結果降りてきたメッセージをどう判断するかが、審神者の重要な役割なのです。

ですから、審神者の霊力と霊格は、霊媒よりも必ず上であり、そこでの調整があるからこそ、高次元の霊との交信も可能となります。

巷《ちまた》には、霊的なパワーを必要以上にもちあげたり、それを用いて商売がなされている例もあります。正しい霊的現象であるかどうかを見極めるには、素人はわかりにくいですが、審神者役がそこに存在するかどうかが、一つのカギといえましょう。

かつての祭政一致の時代は、そのように審神者と霊媒のペアで神託を受けるのが一般的だったと思いますが、はたして今日、そのように審神者がついて受信している人は、どれほどいるのでしょうか。

以上のような体制で、使命を持って〈天地の対話〉に取り組み続けるサラチームの方々には頭がさがりましたが、そのような勉強会で理解した私なりの学びは次のようなものでした。

《死後の世界は論証済み》

死後の世界を語ることは、今日では当たり前のこととなっているように思えます。

しかし、その確信が持てない人には、信ずるに値しないことなのです。死後の世界を否定する見解としては、「死後の世界を科学的に実証する根拠が見当たらない」というのが、唯物論者の主張でした。

しかし、三沢さんは「死後の世界の証明は論証済み」として、特に『死の向こう側――我々はどこから来てどこへ行くのか　本から学ぶスピリチュアルな世界』（三上直子、サラ企画、二〇一八年）では、心理学的・心霊学的に信頼できる一三冊を紹介しています。

その中から、医科学者がどのように死後の世界を語っているかを、二例紹介したいと思います。

1.『かいまみた死後の世界』

死後の世界が心理学や医学の研究対象になったのは、レイモンド・A・ムーディの研究がきっかけでした。彼は医学と哲学の博士号を持っており、一九七八年には「国際臨死研究学会」を設立して、臨死体験者の公的発表の場を設定しました。彼が自身の研究を発表したのが、『かいまみた死後の世界』（中山善之訳、一九七七年、評論社）でした。

三沢さんの前掲書によると、ムーディ博士の最初の研究は、**死にかけて蘇生した一〇二名にインタビューをして、四八％が臨死体験者であることをつきとめた**というものでした。その体験の内容は、以下のようでした。

安らぎに満ちた気持ちよさ――六〇％、体外離脱――三八％、暗闇（トンネルなど）の中に入る――二三％、光をみる――一六％、光の世界に入る――一〇％、人生回顧――一二％、何らかの超越的存在との出会い――二〇％、死んだ親族、知人との出会い――八％

さらに、ムーディ博士は『かいまみた死後の世界』の中で、臨死体験者の共通するモデルを、次のように示しています。

わたしは瀕死の状態にあった。物理的な肉体の危機が頂点に達した時、担当の医師がわたしの死を宣告しているのが聞えた。耳障りな音が聞こえ始めた。大きく響きわたる音だ。騒々しくうなるような音といったほうがいいかもしれない。同時に、長くて暗いトンネルの中を、猛烈な速度で通り抜けているような感じがした。それから突然、自分自身の物理的肉体から抜け出したのがわかった。（中略）
しばらくすると落ちついてきて、現に自分がおかれている奇妙な状態に慣れてきた。

わたしには今でも「体」が備わっているが、この体は先に抜け出した物理的肉体とは本質的に異質なもので、極めて特異な能力を持っていることがわかった。（中略）すでに死亡している親戚とか友達の霊が、すぐそばにいるのが何となくわかった。（中略）今はまだ死ぬ時ではないと思った。この時点で葛藤が生じた。なぜなら、わたしは今や死後の世界での体験にすっかり心を奪われていて、現世にもどりたくなかったから。激しい歓喜、愛、やすらぎに圧倒されていた。ところが意に反して、どういうわけか、わたしは再び自分自身の物理的肉体と結合し、蘇生した。

この記述は、私が二十歳の手術のときに体験した内容に類似しています。ただ私の体験では、親戚や先に亡くなった霊との交流はありませんでした。

さらにムーディ博士によると、臨死体験者は、臨死体験の後の生き方に変化が起きていそうです。『光の彼方に——死後の世界を垣間みた人々』（笠原敏雄・河口慶子訳、阪急コミュニケーションズ、一九九〇年）で述べられていることとして、三沢さんの前掲書では次のような変化があると紹介されています。

より前向きになり、積極的に行動するようになる。より善良になり、他人への思いやりが深くなる。死に対する不安がなくなる。愛の大切さに気付く、あらゆるものとつながっているという感じを持つ、学ぶことの大切さを認識する、自らの生き方に責任を感じ、以前より注意して行動するようになる、霊的な事柄に関心をもつようになる。

霊的な体験をした人々は、その後の生き方において、柔軟でかつ寛大な心を重視し、スピリチュアリティの向上を目指すような人格に変容していく傾向があるのです。

ムーディ博士は、初期の段階では「死後の世界があるかどうか」については慎重な態度を保持していましたが、死後生命探求の四十年の結論としては、人は死後も別次元の意識・生命体として生きていくと明確に述べています。

2.『死後の真実』『人生は廻る輪のように』

医師であったエリザベス・キューブラー＝ロスは、近代を代表する霊的指導者の一人です。

一八種の博士号を持つロスは、臨死患者の話し相手となり、死の悲しみの受容と克服を助けて、そのプロセスを次のような五段階説として発表しました。

① **否認・隔離** 自分が死ぬということは嘘ではないのかと疑う段階
② **怒り** なぜ自分が死ななければならないのかという怒りを周囲に向ける段階
③ **取引** なんとか死なずにすむように取引をしようと試みる段階、何かにすがろうという心理状態
④ **抑うつ** 何もできなくなる段階。うつろな状態に浸る
⑤ **受容** 最終的に自分が死に行くことを受け入れる段階

ロスはそれにとどまらず、世界各地で二万人の臨死体験者に会い、最終的に『死後の真実』（伊藤ちぐさ訳、日本教文社、一九九五年）という本も書いています。さらに、彼女自身の霊的体験も含めて綴った自伝、『人生は廻る輪のように』（上野圭一訳、角川文庫、二〇〇三年）で、臨死状態からの変化を次のように四期に分けて語っています。

第一期：まず最初に、肉体から抜け出して空中に浮かび上がる。手術室における生命

徴候の停止、自動車事故、自殺など、死因のいかんにかかわらず、全員が明瞭《めいりょう》な意識をもち、自分が体外離脱している事実にはっきりと気づいている。（中略）もう一つの特徴は「完全性」である。たとえば、全盲の人も目が見えるようになっている。（後略）

第二期：肉体を置き去りにして、別の次元に入る段階である。体験者は、霊とかエネルギーとかしかいいようのない世界、つまり死後の世界にいたと報告している。ひとりで孤独に死んでいくことはないのだと知って、安心する段階でもある。（中略）守護天使、ガイド――子どもたちの表現では遊び友だち――（中略）、先立った両親、祖父母、親戚《しんせき》、友人などの姿をみせてくれる。（後略）

第三期：守護天使にみちびかれて、（中略）その人にとっていちばん気持ちのいいイメージがあらわれる。共通するのは、最後にまぶしい光を目撃することだ。／ガイドのみちびきで近づいていくと、その強烈な光となって放射されているものが、じつは、ぬくもり、エネルギー、精神、愛であることがしだいにわかってくる。（後略）

第四期：生還者が「至上の本源」を面前にしたと報告する段階である。過去、現在、未来にわたる、すべての知識がそこにあったとしかいえないと報告した人も多い。批判することも裁くこともない、愛の本源である。（中略）走馬灯のように「ライフ・リ

ヴュー」（生涯の回顧）をおこなうのはこの段階である。自分の人生のすべてを、そこでふり返ることになる。（後略）

当時の医学界では、形而上学的な死後を語ることは異端視されましたが、勇気をもって「死後の真実を語る」ことが、ロス女史の使命感だったようです。特に「死とはいのちの変容する体験」であることを強調し、子どもたちにもさなぎがチョウになる体験として説明していました。

このように一九七〇年代から今日に至るまで、精神医学者による臨死体験の研究だけでなく、前世療法の研究なども進められています。特に最近は量子物理学などの理論研究も盛んになり、これまでの唯物的な世界観も見直されつつある中で、**もはや死後の世界や生まれ変わりなどを信じないということは難しい**といえましょう。

第五章

スピリチュアルケアとは何か

《人がこの世に生まれてくる目的とは》

私たち人間は何のために生まれてきたのでしょうか。

ブッダ（釈尊）は、生老病死の避けて通れない命題を解決するためであると教えました。諸行無常、諸法無我が大自然の法則であり、五蘊皆苦《ごうんかいく》は人間存在の苦悩のことです。現代の社会は混乱と苦しみの中にあります。

お金も経済も物質も生きていくには大切なものですが、それが人生のすべてではないことは第一章でもお話ししました。誰しもが持っているエゴ（自分さえよければいい）を乗り越えることは、もはや不可能なことなのでしょうか。

人は大いなる命の根源から、この地上界に両親を縁として生まれ出てきました。人々と互いに手を取り合って、調和ある社会を築くために、努力するために生まれてきたのです。しかし、実際に肉体を持ってしまうと、本能や生理的現象に振り回され、また親からの肉体的遺伝やさまざまな身体的トラブルで、純粋なこころを見失ってしまいます。そのように、本来の使命と目的を忘れて、自我我欲のままでこの世を虚しく去ってしまうことが多いのです。

仏教も神道も、そしてキリスト教など多くの世界宗教も、慈悲と愛を説き、人々が幸せになることを教えています。それだけではなく、それぞれの宗教が人としての生きる意義や価値について教え、生きる術《すべ》としての業（教義、典礼、戒律、訓戒、修行など）を伝えました。

しかし中には、その教義のドグマ（独断・偏見）に影響されて、信者からの多額の寄付や献金を執拗《しつよう》に求めて、信者を不幸にしてしまうような間違った宗教も少なくありません。そういった特定の宗教を超えた発想が、スピリチュアリズムです。

私は仏教をベースとした考え方を基調にしつつも、あらゆる人間の生き方として幸せに導く宗教性のよいところに目を向けるようにしています。そのうえで、長年スピリチュアルケアの活動を行ない、臨床宗教師の活動で世界観を培ってきました。今こそ、本来のスピリチュアリティに目覚め、自身の使命と目的を思い出すことが求められていると思います。

人がこの世に生まれてくる第一の目的は「魂を磨くこと」、あらゆる人生体験を通じて、霊格（スピリチュアリティ）を向上させることなのです。

二つ目が、人々と調和された社会を建設することです。調和された世界とは、戦争、飢餓、貧困のない人間社会を、ともに力を合わせてつくることなのです。

また、三沢さんの説によれば、意識的自我から段階的に無意識的自我、そして霊的自我が目覚めて、〈本来の自我〉に気づくことなのです。

一五二ページの図からわかるように、人間は死んだらそれで終わるわけではなく、第一の死で肉体から幽体になってアストラル界に行き、第二の死で幽体を脱いで霊体となって、精神界に進みます。そして、必要に応じて輪廻転生を繰り返しながら、やがては解脱して天界へと進みます。

そのように、人間とはまずは解脱を目指して、〈魂の向上進化〉を続けていく存在のようです。ただし、次のような場合は、地上界（幽界）にとどまったまま、アストラル界に進むことができないともいわれています。

①心の準備なく突然亡くなった場合
②物質世界に強い執着がある場合
③死後の世界を否定している場合

特に現代においては③の人が多くなり、死んでも意識があるために、死んだとわからないまま浮遊霊や地縛霊となり、そのうちに地上の人に憑依して、共に生きているつもりになっている霊も多くなっているとのことです。

よく「生まれ変わりの理論が自殺を促す」というような評論家の意見がありますが、東京大学の宗教学者堀江宗正《のりちか》さんの死生観のアンケート調査「日本人の死生観をどうとらえるか——量的調査を踏まえて」（東京大学学術機関リポジトリ、二〇一四年）では、「生まれ変わりの観念が自死を抑止するはたらきがある」という研究報告もあります。

いずれにしろ、死後の世界があるかどうかは、死んでみなければわからないわけですが、私はあの世のしくみについて三沢さんたちから詳しく聞くにしたがって、だんだん死ぬのが楽しみになってきました。これが私の直観です。

さて、あなたはいかがでしょうか？

これでも、まだ死ぬことは怖いですか？

《スピリチュアルケアの二つのタイプ》

ここで、私が実践してきたスピリチュアルケアについて詳しく説明したいと思います。

スピリチュアルはスピリット（spirit）の形容詞で、スピリチュアリティはその名詞形になります。『広辞苑』（第六版）には、〝スピリット〟は「霊、霊魂、精霊、精神」「気性、気風、意気」と表記され、また〝霊〟は「肉体に宿り、または肉体を離れて存在すると考えられる精神的実体。たましい。たま」とあります。〝たましい〟とは「動物の肉体に宿って心のはたらきをつかさどると考えられるもの」「精神、気力、思慮分別」などとあります。

ＷＨＯ（世界保健機関）の一九九八年の資料によるとスピリチュアルには「1．人生の意味・目的・成就を見出す欲求。2．生きる希望または意欲の欲求。3．自己、他者、神（超超者）への信念と信仰の欲求」という三つの領域があるとされています（WHO：Background paper for the consultation on spirituality, religiousness and personal beliefs domain of the WHOQOL,Geneva,June, 1998;22-24.）。

痛み（pain）という負の部分よりも、人間が生きていくうえで欠かせない生きる意味や希

図2　スピリチュアリティの概念図

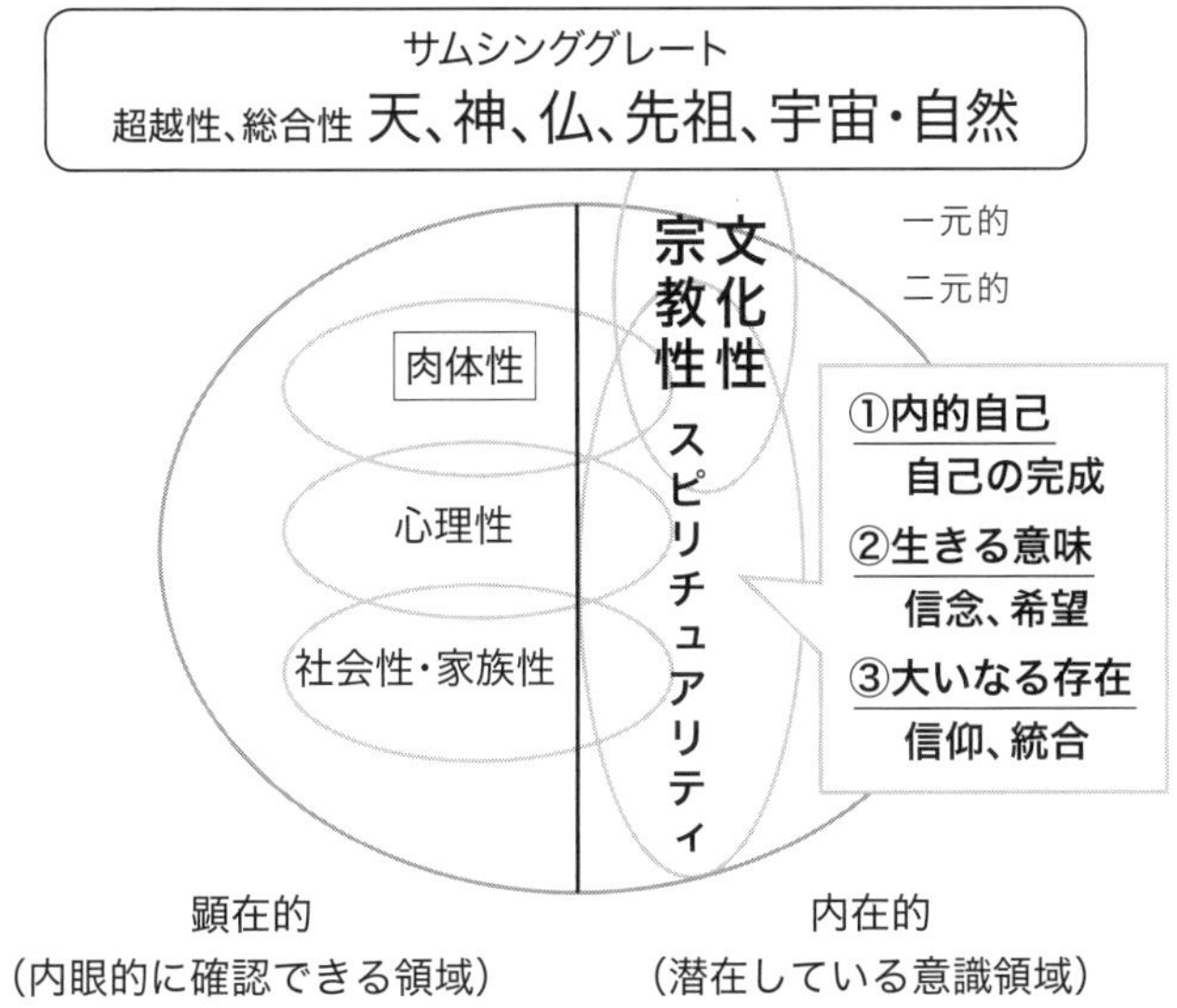

（大下大圓編著『実践的スピリチュアルケア』日本看護協会出版会、2014年／初出は2005年）

望、そして自己以外の大いなる存在（超越者）への関心があることが強調されています。

四〇ページで述べたエンドオブライフ・ケアにおいては、そのような希望や欲求が脅かされて痛みや苦悩につながっていくのです。

このWHOの定義をもとに、筆者がスピリチュアリティの概念図を作成したのが「図2」です。

さまざまな論文の中のスピリチュアリティの領域を、やや大雑把に三つに集約すると、「①生きていくうえで自己を探求し、自己の完成を目指す中で、自己の内面に関すること、②生きる意味、信念や希望などの信条に関すること、③大いなるもの（宇宙、神、仏、先祖、大自然）との関連性」となります。これらの概念が多くのスピリチュアルケア理論を育むことになりました。

私は、これまでのスピリチュアルケアの研究や臨床的ケアの経験から、特にエンドオブライフ・ケアにおけるスピリチュアルケアの2層2モデルを提案します。

それはQOL（クオリティ・オブ・ライフ）からQOD（クオリティ・オブ・デス）へ向かう態度や症状によって、クライエントの大きく二つのタイプに対する実践的ケアのあり方を意味します。二層は別々にではなく、相関的にみることが重要です。つまり発病時点から死亡時点までの時間軸の中でクライエントの心理的な面と、より深いスピリットの面に注視していることです（図3、図4を参照）。

二つのタイプとは「実存的スピリチュアルケア」と「統合的スピリチュアルケア」です。「実存的スピリチュアルケア」は、縁生理解からは、「自縁」と「他縁」になり「日常的」、「家族的」、「人道的」なニーズや痛みに対するケアです。その人の日常部分重視で、毎日の生活や暮らしでもっとも大切にしているものです。たとえば衣食住においては、大切な衣服、特別な時にだけ着る衣服、好きな食べ物、思い出の食べ物、特別な時に食べる物とその行為（儀式など）。食べ物はスピリチュアリティに直結しており、小さいときに肉親に特別につくってもらった食べ物などがスピリチュアリティに結びつきます。さらに、大事にしていた空間やそこでの生活の営みもスピリチュアリティにつながります。

もう一つの「統合的スピリチュアルケア」は、仏教でいう「法縁」に関わるもの、「根源的」、「融合的」、「宗教的」なニーズや痛みです。死を意識、あるいは覚悟をしたときから深まりを帯びていくスピリチュアリティの領域です。実存的スピリチュアリティから、徐々にいのちの根源的な領域に目覚め、死後への世界も想定し、ある人は宗教意識を深め、ある人は大いなるいのちとの統合化を目指して、この領域に入っていきます。

この二つのケアは別々ではなく、相関的にみることが重要です。つまりスピリチュアルケアを行なう人は、発病時点から死亡時点までの時間軸の中でのクライエントの心理的な面と、より深いスピリットの面の両方に注視しなければなりません。

《スピリチュアルケアでの対話の内容》

図3、図4にあるように、「エンドオブライフ・ケアにおけるスピリチュアルケアの2層

2モデル」①と②は、それぞれクライエントのスピリチュアルなタイプ（態度、現状）をアセスメント（調査・分析）したうえで、スピリチュアルケアのモデルとして提示したものです。

①は、実存的な面の日常的、家族的、人道的なニーズや痛みが死の直前まで影響するタイプです。

このタイプのクライエントには、**日常で大事にしていることへのケア**が中心となります。前述のようにまず身体的ケアへの配慮、痛みの軽減、心地よさの配慮、過去の出来事や関係性への対話的ケアです。来世とか神仏の話題はあまり表に出ず、ひたすら現実面や心理精神的な不安、恐れ、いらだち、怒り、懺悔《ざんげ》、回想などへのケアが行なわれます。ナラティブセラピーに代表される、言葉や思いの交流が大事です。

②のタイプへのスピリチュアルケアは、病気の初めから自己の使命や目的をある程度自覚し、生活面でも、生死の限界を感じて、**生きる意味や来世への希求を語り合うケア**です。自己の根源的課題、家族との縁生、人として最期まで精一杯生き切る姿勢をつくるためのケアです。スピリチュアルケア提供者の能力が試される場面でもあります。瞑想療法などで、内面世界にアプローチし、音楽や祈りでその人の希求するいのちの根源に向かうサポートで

図３　エンドオブライフ・ケアにおける
スピリチュアルケアの２層２モデル①（大下大圓、2020年）
（自縁、他縁については191ページ参照）

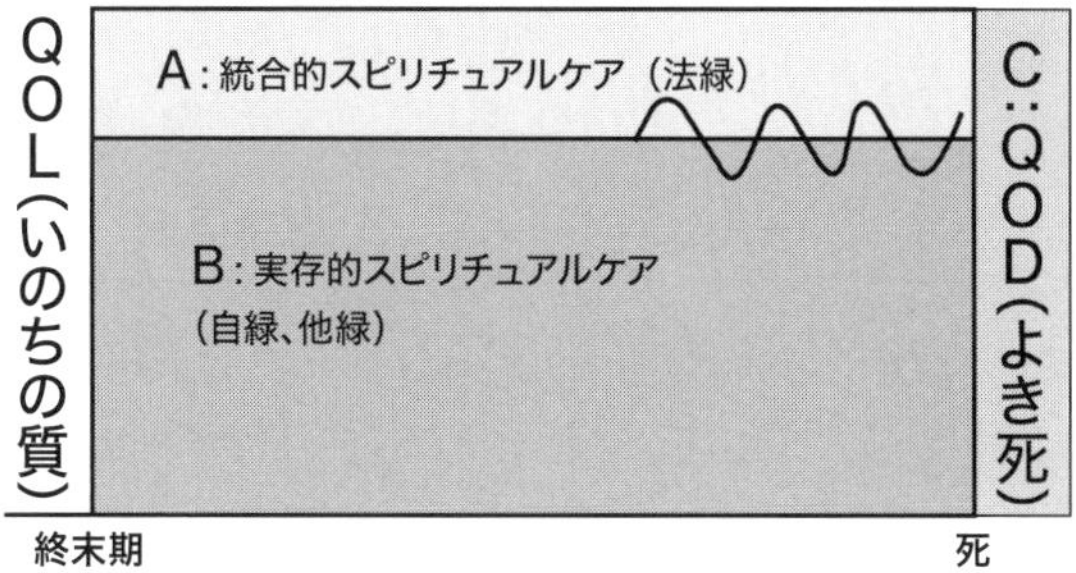

A：統合的スピリチュアルケア
（根源的、融合的、宗教的なニーズや痛み）

B：実存的スピリチュアルケア
（日常的、家族的、人道的なニーズや痛み）

図４　エンドオブライフ・ケアにおける
スピリチュアルケアの２層２モデル②（大下大圓、2020年）

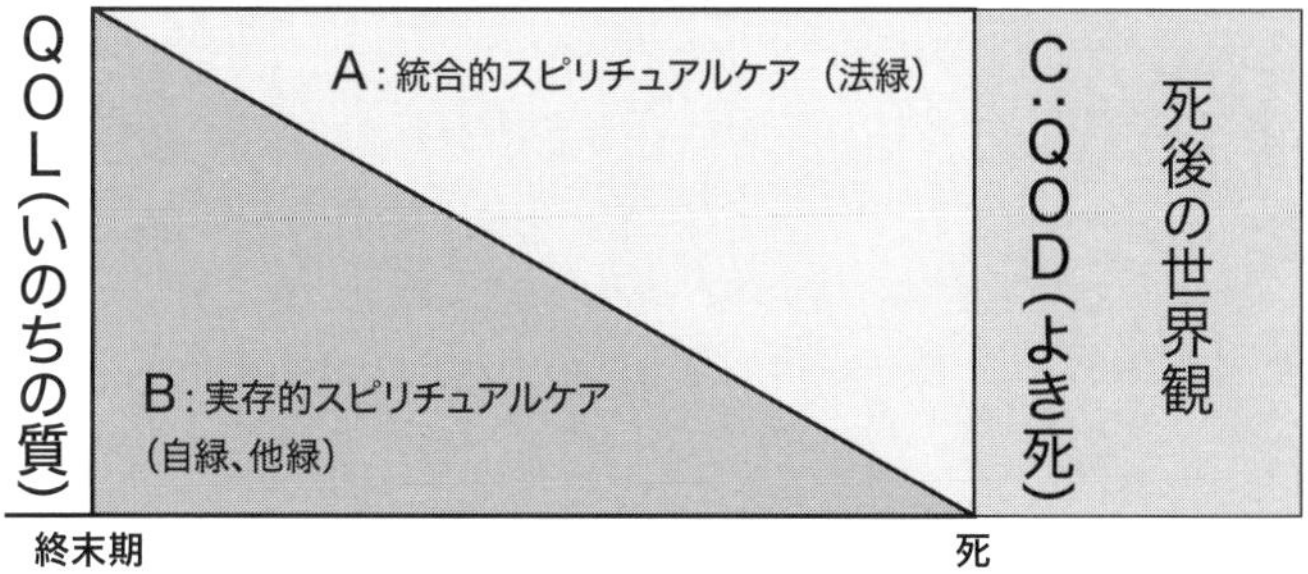

A：統合的スピリチュアルケア
（根源的、融合的、宗教的なニーズや痛み）

B：実存的スピリチュアルケア
（日常的、家族的、人道的なニーズや痛み）

す。

この二つのケアモードはクライエントとの深いコミュニケーションによって達成されます。いつからいつまで実存的スピリチュアリティを行ない、いつからいつまで統合的スピリチュアリティを行なうかという境界を探すのではなく、すべてをあるがまま（マインドフルに）受容し、互いに行きつ戻りつ、揺れ動きながらもクライエントに寄り添い、本人の自己治癒力、自己成長力を支え、統合化を図りＱＯＤに向かっていくことがスピリチュアルケアなのです。

より具体的なスピリチュアルケアの解説については拙著『ＡＣＰ 人生会議でこころのケア』（ビイング・ネット・プレス、二〇二〇年）を参照ください。

《死ぬ訓練をしてみませんか？》

実は千光寺では三十年前から「死ぬ訓練」「臨終・臨死体験」「四十九日体験」と称して、シミュレーションワークショップを開催してきました。

これについては、すでに他の書籍でも詳しく述べていますので、ここでは概説だけにしておきます。

「四十九日体験ツアー」は、人間のイメージする力によって、恐怖や不安など、ネガティブな心の働きをポジティブなものにすることを学びます。つまり「絶望から希望や意味を見出す思考」へと変性する意識を体験学習するプログラムなのです。

　頭でだけあれこれ考える「左脳思考」ではなく、身体感覚を重視する「ロールプレイング（役割実習、役割演習）」、「シミュレーション」などの実習を通じた、心身統合の学びです。

灯りを全部消して、「現世」をイメージする母屋から、「極楽」を想定する本堂まで続く長い漆黒の回廊をたった一人で歩いていただくのですが、これは死出の旅立ちを想定するものであり、臨死体験のイメージトレーニングにもなっています。

　そのような空間を体験することで、死にゆく人、不安を抱えている人、亡くなった人の心境を疑似体験するというねらいがあるのです。

　仏教では、死亡後の七週間（四十九日間）は、死者の霊はこの世とあの世のあいだの中陰《ちゅういん》（中有《ちゅうう》とも）にいるとされます（三十五日としている宗派もある）。その間に、本人の反省懺悔の功徳と縁故者による追善の祈りで、その霊は間違いなく極楽浄土へ往生できると考えます（参加者には四十九日を待たずして、僧侶の引導作法や読経《どきょう》などによって、遅滞なく往生すると教える宗派もあることを紹介します)。

来世往生は、この「四十九日」を経て、完全にあの世に逝ったことを指すという想定なのです。この「四十九日」を体験しようというのは、まさに死を目前にした人の気持ちをシミュレーション的に体験学習し、自己の死生観を実体験することになります。

人生のさまざまな苦悩を走馬灯のように回想し懺悔して、ようやく極楽(本堂)まで来た人を迎え入れて、先に往生して、「あの世」で待っていた親しき人たちから、

「よく来たね。あなたが来るのを、待っていたよ」

「人生、生きてきていろいろと苦労しただろうけど、あなたにとっては意味がある人生だったね」

と肯定して受け止めてもらいます。そのとき、暗闇の中を恐る恐る歩いてきて、緊張状態の極限にいた「死者」の顔が、フワーッと安心感に緩んでいきます。それこそがまさに往生の安心《あんじん》なのです。「死はいのちの終わりではなく、あらたな旅立ちと出会いのプロセス」であることを、体験的に認識して、真実の安寧を獲得するのです。

このロールプレイイングの終了後の体験者の感想や意見を紹介します。

・今まで死と向き合っていなかった自分を発見した
・死をこれまで否定的に思ったが、肯定的に受け止めようとしている自分を知った
・死ぬというものがどういうことか理解できた
・死後の世界として暗闇の恐怖をイメージした自分に出会った
・暗闇への恐怖は、自分の心が怖いという意識を作り出していたことがわかった
・暗闇でも他人の手を暖かく感じ、希望が湧いた
・末期の患者さんの手を暖かく握ってあげたい
・末期の患者さんとゆっくり話し合いたい
・他者を援助するということはどういうことかを理解できた
・今までイメージできなかった死の世界への旅立ちがわかってきた
・死を迎えることについて考えることができた
・死んだあとも魂がつながって続いてゆくということに、自分自身が安心感を持った
・死を目前にした人へもお互いに伝え合うものがあることを体験的に理解した
・今まで末期患者のところへ行くのが苦痛だったが、今は楽に行けるようになった

何度も強調しますが、このシミュレーションワークは、「死のプロセス」を頭で理解するのではなく、体験的な学習によって経験するものです。普段はなかなかイメージできない「死と死後の世界」を体験的な学びで自覚することで、「死後への希望」を抱くことができるようになるのです。

「死んだら光に向って進むこと」

「先に逝った人が、待っていてくれる世界」

だから、

「死ぬことは怖くない」

という意識が体験学習で、自覚できるようになるのです。

《それでも「死ぬことが怖い」と思う人へのケア――慈愛会の活動》

ここまで「死後の世界の存在」を説明してきましたが、それでも「死ぬことは怖い」し、「死の恐怖をなんとかしたい」と思うことは、人として自然な思いです。

現在の医療的ケアや福祉的ケアの場面で、「死の恐怖」などのスピリチュアルペインに対応するケアが実施されることはほとんどありません。スピリチュアルケアを実施しても、現行制度では保険点数が付かないので、経営者側がその導入に積極的ではないからです。

ホスピスなどの緩和ケア病棟でも、ちゃんとスピリチュアルケアを実施しているところは数えるほどです。私自身が四十五年近くベッドサイドのこころのケアを実施してきた経験からも、その需要はいつでもあるといえるのに、です。

現在八つの大学やＮＰＯで「認定スピリチュアルケア師」「認定スピリチュアルケアワーカー」「認定臨床宗教師」を養成して、その数は全国で一〇〇〇人になろうとしているにもかかわらず、その人たちの活躍する現場は限られています。国や施設からの要請を待っていては、いつまでも「死の恐怖におびえる人々」には届かないのです。

そこで飛騨高山の有志で、二〇二三年五月三日に市民活動団体「慈愛会ひだ」が立ち上がりました。慈愛会の目的は、「慈悲と愛の精神で、社会の諸課題にコミットする地域密着型、多職種連携型のケアグループ」です。

活動内容は「高齢社会をむかえて、施設入居や在宅での高齢者、独居、闘病中の方へ、希望する方の要請をうけて訪問し、こころのケア（スピリチュアルケア）や傾聴活動の専門職を派遣する」ことです。具体的には下記のような活動を行なっています。

①施設、在宅でのこころのケア、スピリチュアルケア、グリーフケア活動
②公共空間やテントなどでケアカフェ、サロンなどで相談、傾聴活動
③ＡＣＰ（アドバンス・ケア・プランニング）の関連活動（医療、介護者との連携）
④災害支援活動（災害時のテントや被災者支援活動）
⑤ネットワーク団体の協働活動など
⑥自殺企図、ＤＶ（ドメスティック・バイオレンス）**などからのシェルターとして癒しの場の提供**
⑦その他本会の目的を達成するために必要な事業

「多職種連携型」とは、主にスピリチュアルケアを学んだ「認定スピリチュアルケア師」「認定スピリチュアルケアワーカー」「認定臨床宗教師」が中心となり、スピリチュアルケアを学んだ（理解ある）心理職、医師、看護師、薬剤師、福祉介護職などと連携をとることを指します。

活動形態としては、施設訪問、在宅訪問などで有償もしくはボランティアで活動していますが、初回目面談は無料で、二回目以降は、三〇分一、五〇〇円の交通費をいただくことになっています。

あなたが「死ぬことは怖い」という思いを抱かれているのであれば、ぜひお近くの「慈愛会」にお尋ねください。現在の制度社会のすき間を埋める組織として、将来的に全国的な展開を目指してネットワークを広げています。

因みに「慈愛会ひだ」は、これまでのネットワーク活動を土台とし、高山市社会福祉協議会、高山市地域包括支援センター、高山市高年介護課、高山市医師会、高山市歯科医師会、高山市薬剤師会、飛騨管内の訪問看護ステーション、飛騨保健所などと連携しています。

「回復不能の病気と診断されてどうしていいかわからない」
「病気の家族の世話で、疲れて苦しい」
「生きる意味を見出せず死にたいと思う」
「死ぬことは怖いと思う」

などと、こころがつらいと思う方は、ご連絡ください。

「慈愛会ひだ」のホームページは下記のとおりです。
http://jiaikai-hida.jp

《祈りの力》

「人格を磨く」とは、人間として道徳的な人柄を成長させるというような意味になります。同じように「霊格を磨く」とは、人間のコア（核）となるたましい性、霊性を成長させることで、一般に「スピリチュアリティの向上を目指すこと」といえます。

その霊格の向上やスピリチュアリティの作用としては、「祈り」や「瞑想」が重要であると思っています。

今日《こんにち》、「祈りの科学的根拠（エビデンス）」が証明されつつあります。特に心身の健康を目指す医療面での研究が盛んに報告されています。

祈りには、自分のために祈ることと、自分にとって重要な他者（伴侶、家族、友人など）のために祈ることの二つがあります。

実は最近は、祈りの医科学的研究が進んでいるのです。「転移性乳がんの女性における精神的な発現と免疫状態」というアメリカの研究では、祈りやスピリチュアルなものが大切だと思い、実際に教会の集会に参加した人の機能がどのように変化したかを測定した結果が報告されています。対象になったのは、ステージⅣの転移性乳がん患者一一二名です。

研究によると、祈りによって、白血球数、リンパ球の絶対数、ヘルパーT細胞などが優位性を示しました。特徴的なことは、単に集会に参加するということではなく、祈りやスピリチュアルなものが大切と思って参加し、実際に行動することで、有意な結果が出ていることです。**祈りが重要であるという認識を持って、祈ることが大事であることを示しています。**

科学的調査データに基づいた心と自然治癒力の関係について研究したアメリカの医師、ラリー・ドッシーは祈りの効果について、次の三点を挙げています。

①祈りには効果がある。
②希望には治癒効果がある。
③絶望によって人の命は失われる。
（ラリー・ドッシー、大塚晃志郎訳『祈る心は、治る力』日本教文社、二〇〇三年）

これをもう少し具体的に説明すると、

①の祈りの効果については、一三〇件以上の適切な管理下による科学的実験によって、祈りや祈りに似た思いやり、共感、愛などは、一般に人間から細菌に至るさまざまな生物に健康上プラスの変化をもたらすといえる、統計学的な見解を説明しています。

②の希望に治癒効果があるとする研究では、心臓手術の患者二二三人を対象に「宗教的な感情や行為」が果たす役割の調査で、「希望を得る人」はそうでない人よりも術後の生存率が高くなっていることを明らかにしています。

③の絶望と人の命の相関性は、人間を対象とした多くの研究から、人は不吉なことを信じたり、むなしさに圧倒されたりすると死に至ることがあるという興味深い発表をしています。

祈りの効果を科学的に解明することには、まだまだ限界があると思えます。しかし、確実にプラシーボ効果（偽薬効果）だといわれた「愛他的祈り」が、医科学研究書に堂々と載る時代が到来したのです。

病気になったときに、一所懸命治療に専念してくれる医師やスタッフが「あなたの快復を祈りますよ、一緒に祈りましょう」と言ってくれたら、とてもうれしいことですし、患者も家族も勇気づけられますね。

アメリカで長く統合医療を研究実践してきた医師高橋徳《とく》氏は、**慈悲の心や他者への愛の祈りによって、オキシトシンが発生し、自身も安らいだ気持ちになる**と述べています。

特に「ＬＫＭ（Loving kindness maditation）＝慈愛の瞑想」は「慢性腰痛、心理的苦痛、怒りの感情の緩和」に有意性があるとして、能動的に他人を思いやることを推奨しているのです。

高橋氏はオキシトシンの分泌によってストレス抑制効果があるだけなく、臨床的には「誕生と授乳、自閉症、統合失調症、ＰＴＳＤ（外傷性ストレス症候群）、うつ、線維筋痛症、傷の治療、心臓血管機能の改善」などに有効性があることを報告しています。またオキシトシンは「マッサージ、温感、身体接触」などの体制感覚の刺激によっても放出されるとして、ほかに「音楽療法、アロマテラピー」などの代替療法も有効であると報告しています（高橋徳、市谷敏訳『人は愛することで健康になれる――愛のホルモン・オキシトシン』知道出版、二〇一四年）。

《無宗教による祈り》

祈りは誠意あるスピリチュアリティによって出現します。

祈りとは人間本性に根付いた自然な思念であり、行為です。特別な信仰がなくても「祈り」はできます。したがって、たとえ無宗教であっても祈ることはできるのです。

世界の大半の宗教では、祈りを行なっています。現代のスピリチュアリズムも〝超宗教〟として祈りの実践を勧めますが、その内容は他の宗教とは多くの点で異なっているといえましょう。

現代のスピリチュアリズムは、これまで地球上の宗教・信仰によって行なわれてきた祈りは「祈りの対象である神の概念（神観）が間違っているために、ことごとく的外れな行為・無意味な行為になっている」と主張します。

つまり、「正しい祈り」とは何かが、初めて明らかにされることになったのです。

スピリチュアリズムにおける祈りは、他の宗教とは根本的に違っています。ここでは霊的観点から明らかにされた「正しい祈り」について見ていきます。

スピリチュアリズム普及会ホームページ（https://spiritualism.jp/）の「祈りの実践」によれば、「祈り」とは下記のことを指します。

⑴祈りの霊的意義と本質――祈りは大いなる霊的活動
①祈りは、神に近づこうとする魂の願望
②祈りは、霊的自立を促すための不可欠な行為
③祈りは、人間の霊性の表現であり、理想に向けての魂の決意表明
④祈りは、背後の霊との結びつきを深める強力な手段
⑤祈りは、スピリチュアル・レベルでの霊的修行
⑥祈りは、利他愛実践の意欲を高める霊的手段
⑦祈りは、人類愛の実践内容――〝人類愛〟には必ず真実の祈りがともなう
⑧祈りは、どこまでも霊的成長のための一手段
⑵祈りの霊的効用――霊的人生に不可欠な祈りの実践
①祈りによって霊的エネルギーが取り入れられ、霊的意識が高まる

②祈りによって霊的人生の実践が強化される
③祈りによってスピリチュアル能力が引き出される
④祈りの効用を決定するのは、祈る人間の霊格

ここにおいても、特別な宗教をもっていなくても、霊格を上げる祈りはできることになります。

スピリチュアリティの次元について、システム管理者であるC・ストールは「垂直的次元には神、超越者、志向価値とのつながりを言い、水平的次元は自分自身の信念や価値観、ライフスタイル、生活の質、または自己、他者、あるいは自然との相互作用による神との関係という至高なる体験の反映および具現である」としています（エリザベス・ジョンストン・テイラー著、江本愛子・江本新訳『スピリチュアルケア――看護のための理論・研究・実践』医学書院、二〇〇七年）。

民俗学者の柳田國男は、沖縄方面では水平他界観を「ニライカナイ」、垂直他界観を「オボツカグラ」とし、死後の世界においてニライカナイは肉体を離れた霊的世界であり、神の住処であり天上という次元の高い方向性を示す他界がオボツカグラと説明しています。

図５　祈りとスピリチュアリティの関連性と向上性

大下大圓、2005/2020

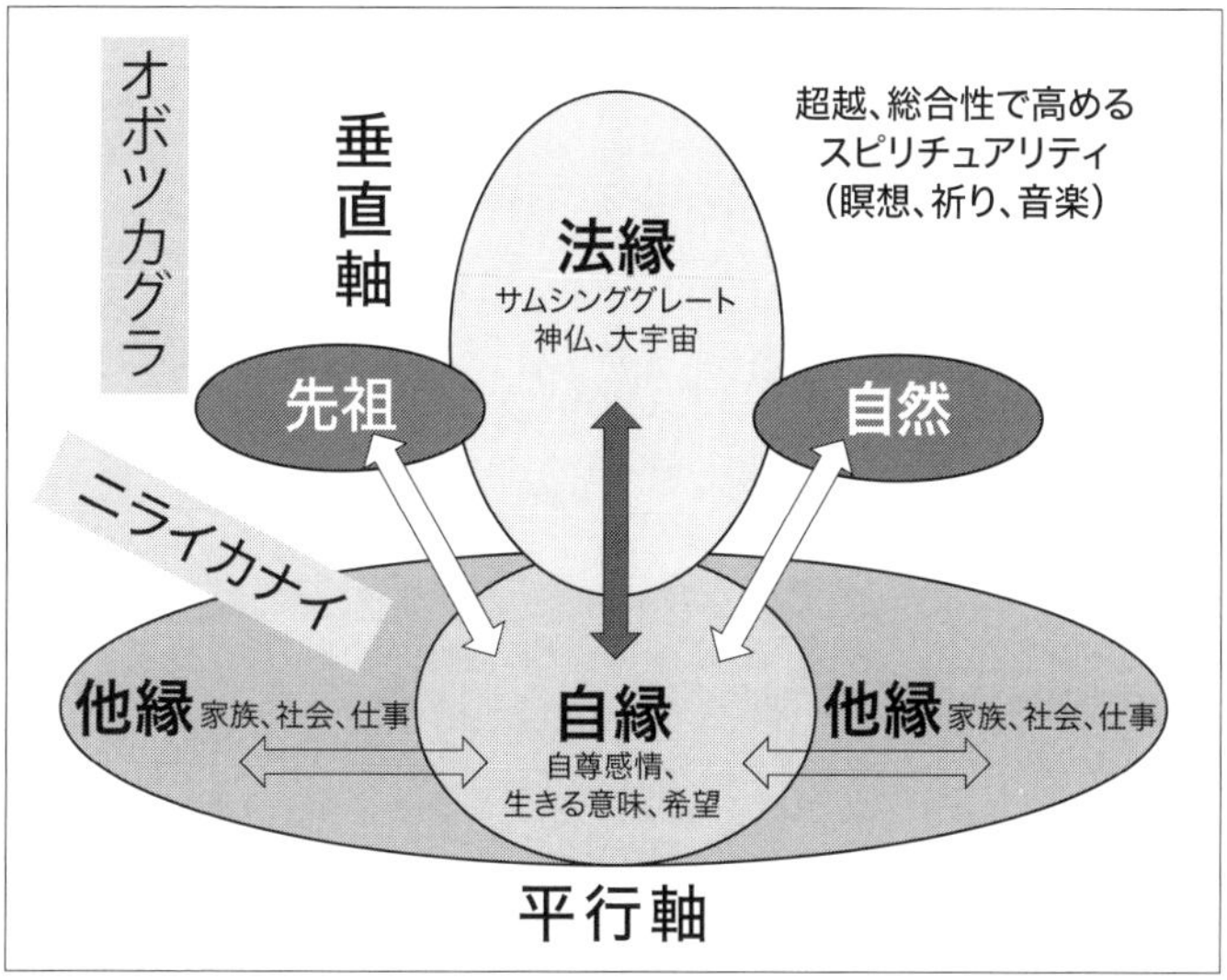

祈りは水平的には、家族、友人、親しい方、病者など愛他的祈りのことであり、垂直軸的には、自身の霊格を上げる祈りになるといえましょう。

《縁の構造を理解する》

仏教的スピリチュアルケアは、図のような「縁の構造」に基づいて行なわれます。「自縁」「他縁」を平行軸に、「法縁」を垂直軸（超越性や志向価値）に置くという構造です。

自縁とは一人の人間が奇跡のような条件で出生し、自身の人生に出会うという尊い宿縁を指します。他縁とは、人生で遭遇する重要他者や出来事の関係性をいいます。

自己、他者、あるいは自然との相互作用による、至高の体験の反映およびその具現化は、自縁、他縁、法縁の構造なのです。法縁は涅槃であり、仏の境地、極楽浄土、即身成仏（サムシンググレートとの融合）であり、宇宙意識といえます。

人間や社会関係性を深めるのを平行軸とするなら、スピリチュアリティの向上は垂直軸です。たとえば、「社会的なこと」「感情的なこと」を平行軸の出来事と整理すると、垂直軸はスピリットの成長を意味します。さらにいえば、**垂直軸の境地は、この世のしがらみや執着心を捨て去ろうとする意識なのです。これが究極のスピリチュアリティ理解とスピリチュアルケアの指針となります。**

「幽界、霊界、精神界」を語る超心理学の世界では、この世的な三次元に対する四次元以降の世界観を想定しています。次元とは物理学でいう時空間の広がりを指すもので、人間の住んでいる地球上では縦、横、高さという三次元ですが、時間軸を入れると四次元ととらえることができます。垂直軸はさらに一〇次元まで上昇していきます。

異次元を扱う領域を真実とみるか空想とみるかは各人の価値判断によりますが、仮説として異次元、つまり五次元、六次元、七次元、八次元、九次元、一〇次元があると想定して、スピリチュアリティの進化と連動していると考えるならば、おのずと「生き方」も見直され、人生そのものの価値観も変容するのではないでしょうか。

そして、スピリチュアリティを高める有効な方法が、祈りなのです。

祈りは仏教の用語で「自利行と利他行」に相当します。自利行は自身のための祈りであり、利他行は他者を思う祈りで、「慈悲」でもあります。初期仏教から金剛乗仏教（密教）まで、祈りの基本は四梵行《しぼんぎょう》（四無量心）です。「慈（maitri）：いつくしむ心（与楽）、悲（karuna）：共苦・思いやり（抜苦）、喜（mudita）：生きる感謝・他者への配慮、捨（upeksa）：執着をはなれて、平和な心境になる」ことが重要な菩提心の中核を成します。

一九一ページの図でいえば、平行軸は仏教の「観身、観受、観心」の領域であり、医科学的には、マインドフルネス、近代心理学、精神医学などに相当します。

一方の垂直軸は仏教の「観法（瞑想の方法）」の領域であり、医科学的には「トランスパーソナル心理学、スピリチュアリティ、サムシンググレート」に相当するのです。

祈りとは十方世界（全方位）に「光のエネルギー」を拡張することなのです。

《霊格（スピリチュアリティ）を高める瞑想》

スピリチュアリティや霊格を高めるには、瞑想が有効です。

瞑想は、この世でも必要なアイテムですが、あの世に逝ってからも必要なのです。

たとえば、輪廻をするかしないかをじっくりと考えたりするときに瞑想を行ないます。

『臨床瞑想法――心と身体がよみがえる4つのメソッド』（日本看護協会出版会、二〇一六年）など、瞑想に関する私の書籍が多くありますので、それを参照していただきたいですが、スピリチュアリティの向上に関与する瞑想の仕方を、簡単に紹介したいと思います。

瞑想は宗教伝統においては心身の鍛錬に活用されてきました。しかし近年は特定の民族、宗教や地域に偏ることなく、ＥＢＭ（根拠に基づく医療）になっている予防医学、代替療法、健康生成、人間育成のプログラムとして広く活用されています。より積極的にセラピー（療法）や、ストレス緩和、病への気づき、心身の健康回復や、ストレスコーピングなど、医学的、教育的に活用されるケースが徐々に増えているのです。

私は、京都大学「こころの未来研究センター」で「臨床応用としての瞑想療法」について研究し、仏教と医学を統合させて、健康生成論に基づく瞑想の機能や多義的な解釈を基に**「ゆるめる瞑想法、みつめる瞑想法、たかめる瞑想法、ゆだねる瞑想法」**という**「四つの瞑想メソッド」**を創設しました。

この四つの瞑想メソッドは、最近では科学研究費の論文でも散見するようになりました。瞑想療法とは「瞑想の持つ多義的な機能を活用して、障害となる心身の改善や人間性、スピリチュアリティの向上を目指す、心理的、精神的なアプローチ」であり、それを臨床的に応用することです。臨床瞑想法はセラピーだけでなく、対人援助やスピリチュアルケアのツールとしても重要な働きをします。

① **「ゆるめる瞑想」（緩和・集中）**は、心身の緩和を目的としています。

すべての瞑想の基本となるもので、ここでしっかりと心身をゆるめて、「瞑想脳」を確保します。

緩和するためには意識的に呼吸と体のリズムを調和させることが求められます。意識的に呼吸をコントロールすることによって、脳波や自律神経に働きかけて、心身の弛緩《しかん》状態を生み出す呼吸法です。ゆるめる瞑想をしっかり体得すると、だんだんと深い瞑想に入っていくことができるようになります。さらにあるがままの自分を受け止められると「客観的に観る」というもう一人の自分を意識することができるようになります。

緩和された意識はやがて集中した意識状態に変化し、次のみつめる瞑想に移行します。ゆるめる瞑想はセルフケアの重要なポイントなのです。

②「みつめる瞑想」（観察・洞察）は、観察することと洞察することです。
多くの瞑想は、この観察と洞察を重視してきました。観察とは文字どおり、自意識を入れないで、意識を集中させて対象をどこまでも客観的に見続けることです。みつめる瞑想の初期段階での目標は、「ありのままの自分の今の心を知る」ということです。心が高ぶったり、感情的になるとなかなか自分の今の心の状態を知ることは難しいものです。そのために、瞑想によって冷静な自分を取り戻して、じっくりと今の心を観察するのです。仏教が重視する、偏りを離れた中道の視座です。

一方洞察とは、家族の布置（ユング心理学のファミリーコンステレーション＝家族関係が心理的成長に影響を与える理論）の全体をみながら、そこで自分がどのような思いを巡らし、行動につながったかなどを注意深くみていくような視点です。洞察を行なうことで、自己のネガティブ思考を健全思考に変容することができます。仏教では四諦八正道の洞察瞑想が有名です。

対人援助に関わる人は常に自心の内面を省察することが重要で、この「みつめる瞑想」は成育歴の分析を深める内容であり、重要な瞑想法になります。

密教では「阿字観《あじかん》瞑想」という、「阿」の字を見つめて、三昧《さんまい》の境地に入る瞑想法があります。

③「たかめる瞑想」（生成・敬愛）は、心身の機能を瞑想によって向上させようとするものです。ここからはマインドフルネス瞑想にはない、どちらかというと積極的な瞑想法になります。

この瞑想は人間の五官や五体（膝・臍《へそ》・胸・面・頂《ちょう》〔頭のてっぺん〕）を意識しつつ、その機能をより向上させていくような瞑想です。たとえば密教では人間の五体と宇宙の五大要素、地水火風空の元素を同格とみて、それぞれの持つ機能を呼吸、身体運動、意識変容などで現在よりもたかめようとします。それによって、内分泌系、自律神経系、免疫系に変化が生まれ、それぞれバランスをとりつつも、部位によっては機能向上につながるのです。

声明《しょうみょう》や読経、マントラ、真言を唱えてからの、三昧的境地（雑念がなくなり、意識が集中している状態）で瞑想に入ることも可能です。

「たかめる瞑想」は、人の身体性と精神性の両方に働きかけます。特に心理的には「慈・悲・喜・捨」という自利的、利他的な心境を醸《かも》し出して、平和な心を呼び起こす重要な瞑想法です。「たかめる」ことはスピリチュアルな側面に重点が置かれているといえます。これは心身統合論でもあり、「心身一如《しんしんいちにょ》」の生き方なのです。瞑想によって心身の機能がアップするのです。このようなたかめる瞑想が人のスピリチュアリティ向上に影響を与えるという研究が進んでいます。

④「ゆだねる瞑想」（統合・成仏）は、たかめる瞑想に連動して起きるものです。

あえて図式的にいえば、たかめる瞑想は身心レベルの機能高揚を目的とし、ゆだねる瞑想は、意識状態の変成を意味します。瞑想によって、高次のスピリチュアリティが出現することを目指します。

自我意識を超克して、大いなる意識（サムシンググレートなど）に融合、あるいは統合しようとするのです。死を覚悟したときには、この「ゆだねる瞑想」により大いなるエネルギー（サムシンググレート）に任せてしまうことで、安らかな状態になります。

これは仏教的には悟りで覚醒から解脱の状態を意味し、密教においては即身成仏を意味します。この境地を誰もが獲得できるというわけではありません。臨床瞑想を修練すると、この境地に至る可能性がある、ということです。

《霊格（スピリチュアリティ）がアップする四つの生き方》

霊格がアップする四つの生き方――つまり「ゆるめる生き方」「みつめる生き方」「たかめる生き方」「ゆだねる生き方」を活用することで、あなたは自分らしく人生を豊かに幸せに、そして有意義に過ごすことができ、お迎えがきたらいつでもどうぞ、という覚悟ができます。

コロナ騒動が始まった二〇二〇年に、飛騨千光寺で瞑想を修練した七十代の男性が、入院先の病院から電話をかけてきました。新型コロナウイルスに感染し、入院中にも悪化して肺の障害が起こり、これから集中治療室に入る、というときにお電話をいただいたのです。

「私はコロナでもう助からないと思います。これから集中治療室に入ります。大変お世話になりました。先生（私）に、一言お礼を言って死にたいと思いました」と、息も絶え絶えに電話をしてくださいました。

私は「奇跡が起こるかもしれませんから、お互いに一緒に祈りましょう」と伝えました。やがて、祈りは通じました。彼はコロナ病棟から生還してきたのです。彼を知る多くの仲間が一緒に祈ってくれたのです。彼は、これから語る四つの生き方を実践している人でした。

その生き方とは、自身のスピリチュアリティに目覚め、やがて「悟り」という境地にまで到達しようとするものです。

・**「ゆるめる生き方」**

目を閉じて、まず身体のどこに緊張やストレスがかかっているかを感じてみましょう。

頭の中、眼球、鼻、口、顎《あご》、喉《のど》、右肩、左肩、右腕、左腕、右手の平、左手の平、腕、胸、おなか、背中、腰、右足、左足、足の裏と、全身をスキャンするように、それぞれの身体感覚を感じとってみてください。

そこで緊張感やストレスを感じた部分に意識を向けて、ゆっくりと息を吐きながら「〇〇

の筋肉や組織は、私の深い呼吸で緊張を取ります」と言い聞かせてください。吐く息と緊張解放を連動することがポイントです。

ストレスの原因の一つが「我慢するエネルギー」です。我慢するエネルギーはコルチゾールというホルモンを分泌して、うつ病などの要因になるといわれています。脳の海馬《かいば》を萎《い》縮《しゅく》させるということで、認知症にも関係することがわかってきました。

多くのストレス要因は人間関係にあるといわれています。ゆるめるには関係性の改善が鍵になります。しかしもちろん、関係性の修復はそんなに簡単ではありません。でも、その改善メカニズムを知ると案外うまくいくかもしれません。

人間関係のストレスは、相手からの威圧感とこちら側が発する拒否感の両方が関係します。相手からの威圧感は、親子関係、師弟関係、職場での上下関係、先輩後輩関係などさまざまですよね。

威圧的な態度や言動があったときは、受け流すのが一番です。押しとどめようとすると、相手にも自分にも抵抗が生じます。合気道と同じように、まずは相手のエネルギーをやんわりと感じつつ、そのまま後ろに流してサヨナラするのです。ちょっとコツが要りますが、何度かやっていると要領がわかってきます。

これには論理療法が有効です。「この人は私にいつも無理難題を押しつける」「この人は私を快く思っていないのだ」「この人は、自分を遠ざけたいのだ」というネガティブ意識を持ち続ける限り解決はありません。そこで、気持ちをゆるめて深呼吸して、「この人は、もしかしたら私を向上させようとしている人かもしれない」「私の魂を磨く重要な相手」「反面教師の人」というふうに、人生に有用な人というふうに書き換えるのです。それができるようになれば、あなたは人間関係の達人です。

さらに心にストレスを抱えたときは、「散歩で気分をほどく」「きれいな空気を身体いっぱいに吸う」などの工夫してみてください。時間とお金に余裕があれば「職場や生活圏から一〇〇キロ以上離れた場所に移動してみる」「温泉に行く」「エステに行く」「好きなスポーツジムに通ってみる」「おいしいものを食べる」「気楽に話せる人とお茶をする」「思い切って恋愛をする」などを実践すると、心がゆるんで気持ちがリフレッシュされます。

「ゆるめる生き方」を体得するには、「ゆるめる瞑想」を習慣化するのが早道です。呼吸を意識した生活を心がけ、「ゆったり呼吸」「ゆったり呼吸」と自分自身に言い聞かせて日々暮らすことが大事です。

・「みつめる生き方」

「みつめる生き方」とは、観察や洞察を通して「あきらかに本質をみる」ことです。ものごとをあきらかに観察、洞察する瞑想法は仏教の四諦八正道が有用です。これについても『瞑想力』『いさぎよく生きる――仏教的シンプルライフ』（ともに日本評論社）などの拙著をご参照ください。

今の心が現実とどのような乖離《かいり》があるか、あるいは課題があるかを、明らかにみることから始まるのです。特に人間関係の課題が多い現代人は、この観察方法で真実を見抜くことが重要です。ものごとを冷静にみるには、客観的な距離感が大事です。

人間関係のストレス解消はもちろんのこと、スマホ依存やギャンブル依存、アルコール依存からの回復も、実態を正しく把握して、そこからの距離を保つことが鍵となります。

スマホ依存、ギャンブル依存、アルコール依存などは、やはりそのものから物理的に距離を取らなければ解決は難しいでしょう。私たち人間の脳は、一度ドーパミンなどの「快感物質」を味わうと、習慣的にその行為を重ねるようになります。その結果、どっぷりと浸かることになります。これを依存症というのですが、依存から離脱するのは容易なことではありません。

本当は手放せたら一番いいのですが、そこまでできない人は適度な距離を持てる力をつけることが重要です。そこで、そのものを手元から引き離す生活をお勧めします。

家庭でできなければ、専門の宿泊研修などで訓練することも必要でしょう。

・「たかめる生き方」

「たかめる生き方」はたくさんありますが、基本的には自分が好きだと思えることに取り組むのがポイントです。これが自然と「生きる力を育む」という「たかめる生き方」につながります。

実際に、自分が嫌だと思っていることをしても、憂鬱《ゆううつ》になるだけで、ワクワクしたりドキドキしたりしませんから、心はちっともたかまりませんよね。身体的にも、嫌なことをやっていると免疫力が低下するといわれています。免疫とは体内に入ってきたもの（異物）を区別して、自分自身を守ろうとするメカニズムです。特に細菌やウイルス、体内で発生したがん細胞などから身を守ってくれます。

反対に、**自分の好きなこと、心が喜んで前向きになれるようなことをやると、身体の免疫力もアップします。**もう少し詳しく説明しますと、免疫システムを支えてくれる中心は白血球といわれています。白血球は顆粒球《かりゅうきゅう》とリンパ球に大きく分けられますが、顆粒球は体内に侵入した細菌やウイルスなどを適切に処理する自然免疫です。一方のリンパ球は異物を識別し、各免疫に指令して異物に合った抗体を作ります。免疫力は免疫細胞そのもの数だけなく、バランスが重要なのです。

最近はストレス関連についても、さまざまなことがわかってきました。たとえば、ストレスフルだと自律神経系の交感神経が優位になって免疫力が低下します。逆に交感神経と対になる副交感神経が優位になり過ぎると、免疫反応が強く出過ぎて、アレルギー疾患のアトピー性皮膚炎や気管支喘息《ぜんそく》、花粉症などが起こりやすくなるようです。自律神経系が呼吸にも関係していることは、「たかめる瞑想」でも説明しましたね。

つまり、身体の機能を「たかめる」点においても、心身のバランスが大変重要だといえるでしょう。

「たかめる生き方」において重要なことは、まず自分から発信することとです。そして、誰かと関わりながら、関係性を深め、その生き方に意味をしっかり見出すこと。最終的には、自分のできることを達成し、達成した喜びをかみしめることなのです。

アブラハム・H・マズローの欲求の五段階説の中に、自己実現の欲求がありました。人は誰しも、自分の目標を達成したいという欲求を持っていますが、それが実現できたときは大きな喜びにつながります。また、たとえ実現できなくても、そこに向かっている自分を意識することで、心はたかまるのです。そして、自己実現のあとには、もっと霊格の高い心境を目指す「自己超越」があります。

スピリチュアリティのラテン語の「スピリタス」には「神の息」という意味があるくらいですから、霊格を高めるためには呼吸は大事な営みなのです。「呼吸の乱れ」はあらゆるところに影響します。

「たかめる生き方」にとって重要なのは、**知的好奇心**です。知的好奇心は、生きる意欲にもつながります。「何かを学びたい」「わからないことを解明したい」「興味あることをもっと知りたい」という意識は脳の海馬を刺激するのです。

それから「他者との触れ合い」も「たかめる生き方」につながります。老人になって孤独であることが多くなると認知症の症状も進むといわれます。逆に老人であっても、いろいろな場所に積極的に参加して、いろいろな人間関係を構築している人はイキイキとしています。

毎日の生活の中でも、自他の関係性を高めて生きることは大事です。仏語では関係性を示す言葉として「縁（縁生）」があることは、前に述べました。

この言葉は、たとえば「ご縁がありますね」「……のご縁によって」などと使われていますが、実は「縁がある」ということは、人々の心情やスピリチュアリティが、時に内在的に時には全体として、躍動的に動いている証《あかし》なのです。私たちの魂、スピリチュアリティとは、ダイナミックな「命の活動性」や「絆」「関係性」を意味します。

これまで刊行してきた拙著で、「人が自己のスピリチュアリティに気づき、他者や環境との調和を図りながら、成熟して宇宙的生命に融合しようとする営みは、健康生成であり、ウエルビーイングそのものであること」を説明してきました。

これは、病気や障害など人生の課題に直面したときにだけスピリチュアリティが働くということではなく、人間存在そのものにスピリチュアリティが内在し、成長し続けることを意味しています。

縁生は「自縁、他縁、法縁」という三つの構造からなることは前に説明しました。この縁生は「たかめる生き方」にも有用です。自分自身を高める。他者との関係性を高める。そして大いなる存在である法縁との関係性を強く、太くするのです。

・「ゆだねる生き方」

「ゆだねる生き方」とは、「いつでも死ねる」という心境になることです。前出の新型コロナウイルス感染症から生還した男性の生き方がそうです。

「死」は怖いものでも、恐ろしいものでもなく「あるがまま自然なこと」と受け止め、自分自身を大いなるエネルギー（サムシンググレート）にゆだねる生き方です。

自分の意識を少し上部層に置いてみたり考えたりする訓練（瞑想）で、この境地に至ることができます。心理学的な視点でいえば、トランスパーソナルな至高体験です。

「至高体験」とは、「真、善、美、愛、寛容」などに代表される意識の高まりのことで、私たち人間は生まれながらにして自己実現の達成欲求をもっていて、その実現によってさらに高次の意識状態が静かに継続することをいいます。

トランスパーソナルな思考をさらに発展させたのが、前出の心理学者ケン・ウィルバーです。ウィルバーはスピリチュアリティの定義として「①至高体験ないし変容状態、②意識の発達ラインにおける最高の状態、③意識の発達ラインの中で独立した一つのライン、④愛、信頼といった、精神的な態度、姿勢」です。ワンネスの世界（すべてが一つの世界）をウィルバーは「無境界」といいました（尾崎真奈美・奥健夫編『スピリチュアリティーとは何か――

哲学・心理学・宗教学・舞踊学・医学・物理学それぞれの視点から』ナカニシヤ出版、二〇〇七年）。

「至高体験」には、これまで紹介した四つの瞑想の中では「ゆだねる瞑想」が相当します。「ゆだねる瞑想」では意識の変容状態が起って至高体験につながり、その中心の精神性は愛や信頼に裏づけされていることも重要なことです。

ゆだねる生き方は、前出の垂直軸へ向かう生き方です。世間から離れる「出世間」を希求する生き方となります。決して出家するという意味ではなくて、日常の衣食住や愛別離苦《あいべつりく》を整理して、いつでも死ねる覚悟を持てる境地を指します。

以上の四つの生き方を、四つの瞑想法とともに実践してみてください。

《死ぬことは怖くない三つの要点》

いよいよ最終項となりました。

いかがでしたか？　これまでのお話から、「死ぬことは怖くなくなった」のではないですか？

一つは、普段の生活で、死を遠くに感じたり、怖がっていたことの要因は、死後の世界へ移行することに関する情報不足があることです。死後にはこのような世界が待っているという希望（仮説）を持つことで、死の恐怖はずいぶんと和らぎます。

また二つめには、この本によって「霊界についての理解」が深まったのではないでしょうか。死ぬことは苦しくない。一瞬の肉体的な苦しみはあっても、すぐ脳内からその苦しみを緩和する脳内伝達物質が分泌されます。そして、自然に肉体から離れていく自分自身を確認して、死を認識します。

また、あの世では希望すれば、スピリチュアリティが拡大して、かつての肉親にも会えるのです。

そして三つめには、死を考えることは「現世に生きている人へのメッセージ」があること。具体的にいえば、残された余生（死までの生年）で、何をすべきかを明確に考えることになることだと思います。

自分がこの世に生まれた意味や、人生で課題とする出来事。そしてそれを実践することによって霊格、魂（スピリチュアリティ）の成長があること。

量子真空という宇宙が「自分の中に眠る可能性」を開花し続けているとする田坂広志氏の

説からも、人間一人ひとりと宇宙は一なる世界を成して、成長し続けているのです。

再度申し上げます。

死はすべての終わりではなく、われわれ人間は、無限の過去から未来まで生き続け、その転生の中で自身の霊格（スピリチュアリティ）の向上を目指す存在なのです。

そして私たちの魂（意識、スピリチュアリティ）が、行きつく先は、一なる世界、つまり宇宙意識そのものです。

その超自我意識のことを、ユング心理学では「集合的無意識」といい、仏教では「無我」といい、特に空海さんは即身成仏した「一切《いっさい》法《ほう》自《じ》性《しょう》平《びょう》等《どう》無《む》畏《い》心《しん》」といい、トランスパーソナル心理学の巨匠ケン・ウィルバーは「無境界」といいました。

その境地を目指して、人は霊格の成長を続けているのです。

霊格をあげる瞑想や祈りについては、私はいつでも相談にのります。

最後のページに掲載したメールアドレスまで、気軽にご連絡ください。

あなたからのメッセージをお待ちしています。

そして最後に、
あなたのスピリチュアリティがこれからも健やかでありますことを心から祈っています。

合掌

エピローグ

以下は、二〇二三年春、飛騨千光寺での「死生観ワークショップ・四十九日体験」を経験した病院看護師の岡本恵子さんの言葉です。

「大切な愛する肉親が自殺をしてしまい、そのことがトラウマとなって、長く苦しんできました。自分は医学を学んだ看護師なので、あの世とか死後などの世界は信じてはいけないと思っていました。しかし、ずっと肉親の死を受け止めることができず、あの世があって、そこで死んだ〇〇（家族名）が、魂のままで生きていると信じたかったのです。

この死生観ワークをしてみて、生まれ変わりや他界観を感覚的に自覚できるようになり、極楽往生ワークでは、先に死んだ肉親に会えた気持ちがして、本当にこころが楽になりました……」と語ってくれました。

スピリチュアリティは、体験によって学習されるという理論があります。深く潜在意識に問いかけるようなワークを通じて、はじめて人のスピリチュアリティが共鳴し共感するのです。

これまでに、三十年間で約二〇〇〇〇人もの人がこのワークに参加して、シミュレーションワークという形で疑似的に臨終、死後体験を行なったことには、大きな意義があったと思っています。

臨床瞑想法教育研究所（飛騨千光寺内）では、本堂、庫裏《くり》とは別に建つバザラホール（国際平和瞑想センター）で随時研修を行なっています。センターで主催する研修と、依頼を受けて行なう個人、団体のための特別研修があります。

特に、主催の研修では本文中に紹介された㈠「死生観・スピリチュアルケア研修〜四十九日体験ワーク〜」と㈡「臨床瞑想法指導者養成講習会」があります。

㈠は、自分のスピリチュアリティや死生観をみつめて、生き方を考える研修です。㈡は、「臨床瞑想法」の基礎編、上級編、指導編というコースで、理論と実習の二日間を三回にわけて受講するシステムで、最後に臨床瞑想法指導者講習会の「修了証書」をお渡ししています。

内容、日程の詳細は千光寺ならびに臨床瞑想法教育研究所のＨＰをご覧ください。https://senkouji.com/

ご質問の方は〈vazara@senkouji.com〉までメールをお願いします。

人はこの世に生まれた以上は必ず死にます。

しかし、その残された人生をどう生きるかは、個人が選択できるのです。死は、必要に応じてその人に訪れます。それが寿命です。いつでも死ねる覚悟こそ大事なことと思います。

私は残された人生を自利利他の精神で「社会貢献と人間育成」に捧げたいと思っています。科学的知見と宗教的叡智の統合化を目指して、お呼びがかかれば、全国どこでも講演に行きます。ご要望の方は、遠慮なく飛騨千光寺のＨＰからお申し込みください。相談も受け付けていますのでお待ちしています（面談予約のみ電話、メールで受け付けます）。

ＰＨＰ研究所の大岩央《ひさ》さんとは、お父さんがスリランカで私と同じような教育活動をされていたということで懇意になり、その後千光寺ともご縁を頂き、今回の出版でも最初に相談に乗っていただきました。その後に紹介されたビジネス・教養出版部の西村健さまとみなさまには企画、構成にあたり大変お世話になりました。ここに厚く御礼を申し上げます。

令和五年　笹ユリの花をながめつつ　袈裟《けさ》山で　大下　大圓

〈著者略歴〉
大下大圓（おおした・だいえん）

飛騨千光寺長老。

高野山傳燈大《でんとうだい》阿闍梨《あじゃり》、沖縄大学客員教授、和歌山県立医科大学連携教授。

12歳で出家し、高野山やスリランカで修行、帰国後にいのちの学びを飛騨で開始し、患者家族の傾聴活動を45年間行ってきた。臨床宗教家としてこころのケア、スピリチュアルケアの必要性を実感し専門的な人間育成に力を注ぎ、現在東北大学をはじめとする８つの大学で養成プログラムが展開されている。京都大学で瞑想の臨床応用を研究し、飛騨千光寺を始め全国で「臨床瞑想法」の普及に邁進している。

著書に『他人の力を借りていいんだよ』（講談社＋α新書）、『瞑想力』（日本評論社）、編著書に『実践的スピリチュアルケア』（日本看護協会出版会）などがある。

装丁：bookwall

死ぬのは怖くありません
45年間スピリチュアルケアを実践してきたお坊さんの結論

2023年８月21日　第１版第１刷発行

著　者　大下大圓
発行者　永田貴之
発行所　株式会社ＰＨＰ研究所

東京本部　〒135-8137　江東区豊洲5-6-52
ビジネス・教養出版部　☎03-3520-9615（編集）
普及部　☎03-3520-9630（販売）
京都本部　〒601-8411　京都市南区西九条北ノ内町11

PHP INTERFACE　https://www.php.co.jp/

組　版　アイムデザイン株式会社
印刷所
製本所　図書印刷株式会社

© Daien Oshita 2023 Printed in Japan
ISBN978-4-569-85536-3
※本書の無断複製（コピー・スキャン・デジタル化等）は著作権法で認められた場合を除き、禁じられています。また、本書を代行業者等に依頼してスキャンやデジタル化することは、いかなる場合でも認められておりません。
※落丁・乱丁本の場合は弊社制作管理部（☎03-3520-9626）へご連絡下さい。送料弊社負担にてお取り替えいたします。